洋楽を歌うだけで
英語の発音が劇的によくなる
Nipponglish!

ニッポングリッシュ

新出一一也 著

東洋大学総合情報学部・
同大学院教授
湯舟英一 監修

ナツメ社

はじめに

初代iPhoneが発売される1年前。まだYouTubeが、日本でサービスを開始していない2006年。僕は仕事の関係でカナダのバンクーバーへ家族で移住することになりました。

もともと海外旅行が好きで、英語圏をはじめとした20数カ国へ行ったことがあるのと、何より3年間ハワイで暮らした経験があったので、「英語環境に住めば自然と英語は身に付くだろう」と考えていました。しかし、それは大きな間違いでした。

バンクーバーで生活を始めてすぐ、マクドナルドで「コーヒー」を注文したら「コーラ」が出てきたのです。最初は、「店員さんが間違ったのかな？」と思っていました。ところがその後も、ファストフード店でコーヒーを頼むと、コーラが出てくることが続きました。

「Can I have a coffee?」こんな単純なフレーズが伝わりません！

試しにインターネットで調べてみたら、僕と同じ体験談がたくさん出てきました。このままではヤバイ！　英語はどうやって発音するのか？　ネイティブに通じる英語を話すための教材はないか？　必死に探しました。

しかし、残念なことに、ネイティブの発音を聞いて話す「Listen & Repeat」という、僕たちが中学からやってきた、感覚的で個人差がある学習を繰り返す以外、英語の発音を身に付ける方法がないことが分かりました。

バンクーバーでは市民の半分以上を、英語が母国語でない移民が占めています。英語を母国語としない国の人が話す英語には、その国の言語特有の訛り（アクセント）が入り込むので、彼らのアクセントを聞けば、どこの国の人か分かります。不思議なことに、どんなにひどい訛りが入った英語でも、内容が伝わり会話として成立しているのです。

それにもかかわらず、日本人が話す「カタカナ訛りの英語」だけは、なぜか聞き取ってもらえません。僕は、多民族が融合して暮らすバンクーバーの「リアルなグローバル社会」で生活する中で、「日本人には、英語を話すための大切な“何か”が欠落している！」と確信しました。

そして独自に研究を始め、東洋大学総合情報学部の英語音声学者・湯舟英一教授と出会い、日本人の誰もがネイティブライクな英語が話せる英語発音補助ツール「Nipponglish（ニッポングリッシュ）」を共同で開発したのです。

普段、なじみのないようなフレーズを使って英語を学習しても、退屈でモチベーションが上がりませんよね。そこで、楽しみながら自然と身に付けられる方法がないかと考え、洋楽の歌詞にNipponglishを応用しました。

認知心理学では、人は、自分の口から発音できた音だけを、正確に聞き取り記憶に留めることができるといわれています。何より、洋楽が音ずれしないで歌えれば、ネイティブライクな英語が発音できている証拠になります。

こうして洋楽の歌詞にNipponglishのカナを付けた動画をYouTubeで公開すると、反響を呼んで、通信カラオケシステムDAMを運営する（株）第一興商さんの洋楽のカナにも採用していただきました。YouTubeの動画を見て、洋楽が歌えるようになったというたくさんのコメントもいただいています。

AI技術が進み、自動翻訳やアプリがどんなに日常化しても、面と向かって英語で話せないと真の友情や信頼関係は築けず、異文化交流もできません。これは個人でもビジネス全般においても大きな損失になります。

僕が中学や高校の頃に、Nipponglishがあったら？　と最近よく思います。英語が話せたら世界を相手に仕事ができたり、いろんな国の人と友達になれます。この本を手に取ってくれたみなさん！　絶対に英語を話せるようになってください。健闘を祈ります。

新出 一一也

CONTENTS

はじめに……2
本書の使い方……6
Nipponglishのカナ表記の見方……8

第1章 あっという間にネイティブの発音! Nipponglishって何? 9

そもそも英語の発音はなぜ難しい?……10
Nipponglishの英語発音メソッド……16
英語の発音のポイント……18
洋楽は英語学習にベストな教材……22
column 1 英語環境で育った娘たち……24

第2章 まずは1曲まるごと歌ってみよう 25

人気の洋楽をマスター!……26
Song1『Call Me Maybe』Carly Rae Jepsen……27
Song2『Top Of The World』Carpenters……34
column 2 LとRを簡単に発音する方法……40

第3章 破裂音 41

破裂音って何?……42
STEP1 練習しよう……44
STEP2 Nipponglishで歌おう……48
column 3 知っておきたい 発音しないスペルの英単語……50

第4章 音の連結① 51

音の連結って何?……52
STEP1 練習しよう……54
STEP2 Nipponglishで歌おう……58
column 4 英語はシンプルな言語?……62

第5章 音の連結② 63

音の連結【応用編】……64
STEP1 練習しよう……66
STEP2 Nipponglishで歌おう……68
column 5「ホイッスル」はネイティブには通じない?……72

第6章 融合同化 73

融合同化って何？……74
STEP1 練習しよう……76
STEP2 Nipponglishで歌おう……78
column 6 「Yes」と「No」の判断は慎重に……82

第7章 nt同化 83

nt同化って何？……84
STEP1 練習しよう……86
STEP2 Nipponglishで歌おう……90
column 7 公共の場所でお酒が飲めるのは日本ならでは？……94

第8章 悪魔のT① 95

悪魔のTって何？……96
STEP1 練習しよう……98
STEP2 Nipponglishで歌おう……102
column 8 意外と知らない和製英語……106

第9章 悪魔のT② 107

悪魔のT【応用編】……108
STEP1 練習しよう……110
STEP2 Nipponglishで歌おう……114
column 9 海外のスーパーで試食してみよう……118

第10章 短縮形 119

短縮形って何？……120
STEP1 練習しよう……122
STEP2 Nipponglishで歌おう……126
総復習 今までの音声変化を復習しよう……128
column 10 同じ単語でも国によって発音が違う……130

巻末付録……131
難易度別 おすすめ洋楽リスト……132
海外で使える便利フレーズ集……136
英語発音の用語集……142

本書の使い方

本書は英語の音声変化を3段階で学べるよう、次のように構成されています。

- 解説ページ
- STEP1 練習しよう
- STEP2 Nipponglishで歌おう

解説ページ

発音ルールの概要を解説するページ。まずはここをしっかり読んで、内容を掴んでおこう

発音ルールのポイントを記載。他の章の学習途中に概要を振り返りたいときにも便利

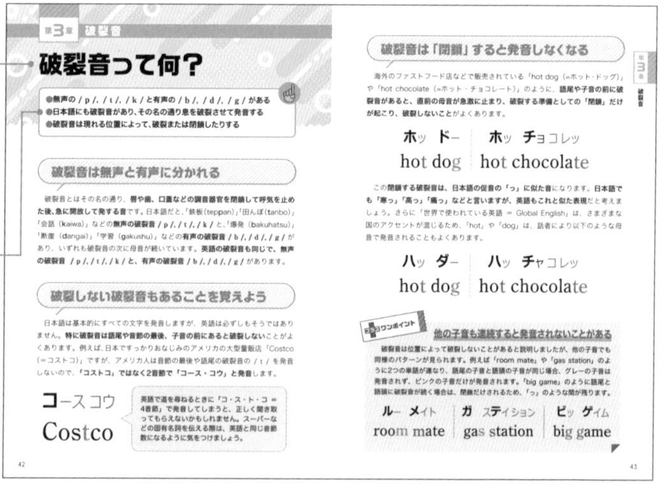

第3章 破裂音

破裂音って何？

●無声の / p /, / t /, / k / と有声の / b /, / d /, / g / がある
●日本語にも破裂音があり、その名の通り息を破裂させて発音する
●破裂音は現れる位置によって、破裂または閉鎖したりする

破裂音は無声と有声に分かれる

破裂音とはその名の通り、**唇や歯、口蓋などの調音器官を閉鎖して呼気を止めた後、急に開放して発する音**です。日本語だと、「鉄板（teppan）」「田んぼ（tanbo）」「会話（kaiwa）」などの**無声の破裂音 / p /, / t /, / k /** と、「爆発（bakuhatsu）」「断崖（dangai）」「学習（gakushu）」などの**有声の破裂音 / b /, / d /, / g /** があり、いずれも破裂音の次に母音が続いています。**英語の破裂音も同じで、無声の破裂音 / p /, / t /, / k / と、有声の破裂音 / b /, / d /, / g /** があります。

破裂しない破裂音もあることを覚えよう

日本語は基本的にすべての文字を発音しますが、英語は必ずしもそうではありません。**特に破裂音は語尾や音節の最後、子音の前にあると破裂しない**ことがよくあります。例えば、日本ですっかりおなじみのアメリカの大型量販店「Costco（＝コストコ）」ですが、アメリカ人は音節の最後や語尾の破裂音の / t / を発音しないので、**「コストコ」ではなく2音節で「コース・コウ」と発音**します。

コースコウ
Costco

英語で道を尋ねるときに「コ・ス・ト・コ＝4音節」で発音してしまうと、正しく聞き取ってもらえないかもしれません。スーパーなどの固有名詞を伝える際は、英語と同じ音節数になるように気をつけましょう。

42

破裂音は「閉鎖」すると発音しなくなる

海外のファストフード店などで販売されている「hot dog（＝ホット・ドッグ）」や「hot chocolate（＝ホット・チョコレート）」のように、**語尾や子音の前に破裂音があると、直前の母音が急激に止まり、破裂する準備としての「閉鎖」だけが起こり、破裂しないこと**がよくあります。

ホッ ドー	ホッ チョコレッ
hot dog	hot chocolate

この**閉鎖する破裂音は、日本語の促音の「っ」に似た音**になります。**日本語でも「寒っ」「高っ」「痛っ」などと言いますが、英語もこれと似た表現**だと考えましょう。さらに「世界で使われている英語 ＝ Global English」は、さまざまな国のアクセントが混じるため、「hot」や「dog」は、話者により以下のような母音で発音されることもよくあります。

ハッ ダー	ハッ チャコレッ
hot dog	hot chocolate

ワンポイント

他の子音も連続すると発音されないことがある

破裂音は位置によって破裂しないことがあると説明しましたが、他の子音でも同様のパターンが見られます。例えば「room mate」や「gas station」のように2つの単語が連なり、語尾の子音と語頭の子音が同じ場合、グレーの子音は発音されず、ピンクの子音だけが発音されます。「big game」のように語尾と語頭に破裂音が続く場合は、閉鎖だけされるため、「っ」のような間が残ります。

ルー メイト	ガ スティション	ビッ ゲイム
room mate	gas station	big game

第3章 破裂音

43

音声データの聞き方およびYouTube動画の参照方法

本書は音声データとYouTubeの楽曲動画を学習に使用しています。

●STEP1 練習しよう

タイトル横のQRコードをスマートフォンなどで読み取ると、音声データが再生されます。

●STEP2 Nipponglishで歌おう

①楽曲名横のQRコードをスマートフォンなどで読み取ると、Nipponglishのカナ表記が記載されたYouTubeの楽曲動画にアクセスできます。（有限会社ビッグアップルカンパニーが運営するNipponglishの公式YouTubeチャンネル）

②本書と照らし合わせながら、掲載単語の練習を行いましょう。

※YouTube動画には広告が表示されることがありますが、Nipponglishのチャンネルが収益を得ることは一切ありません。
※音声データおよびYouTubeの楽曲動画の使用により発生したいかなる損害においても、著者および株式会社ナツメ社、ナツメ出版企画株式会社は一切の責任を負いかねますので、あらかじめご了承ください。

STEP1 練習しよう

音声データにアクセスして、ネイティブの発音を聞きながら声に出してみよう

単語を中心とした練習ページ。概要を理解できているかここでチェック

発音時に注意したいポイントをまとめているので、意識しながら練習しよう

分からない単語が出てきたら、P.142の単語リストも参照しよう

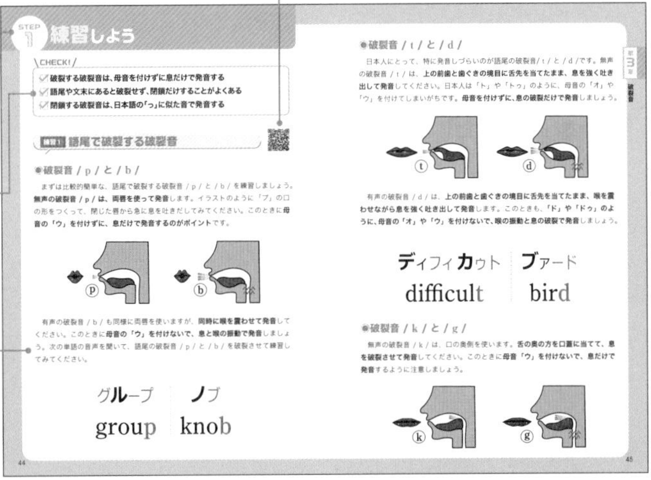

STEP 1 練習しよう

\CHECK!/

- 破裂する破裂音は、母音を付けずに息だけで発音する
- 語尾や文末にあると破裂せず、閉鎖だけすることがよくある
- 閉鎖する破裂音は、日本語の「っ」に似た音で発音する

練習1 語尾で破裂する破裂音

●破裂音 / p / と / b /

まずは比較的簡単な、語尾で破裂する破裂音 / p / と / b / を練習しましょう。**無声の破裂音 / p / は、両唇を使って発音**します。イラストのように「プ」の口の形をつくって、閉じた唇から急に息を吐きだしてみてください。このときに**母音の「ウ」を付けずに、息だけで発音するのがポイント**です。

p　b

有声の破裂音 / b / も同様に両唇を使いますが、**同時に喉を震わせて発音**してください。このときに**母音の「ウ」を付けないで、息と喉の振動で発音**しましょう。次の単語の音声を聞いて、語尾の破裂音 / p / と / b / を破裂させて練習してみてください。

グループ　ノブ
group　knob

44

●破裂音 / t / と / d /

日本人にとって、特に発音しづらいのが語尾の破裂音/ t / と / d /です。無声の破裂音 / t / は、**上の前歯と歯ぐきの境目に舌先を当てたまま、息を強く吐き出して発音**してください。日本人は「ト」や「トゥ」のように、母音の「オ」や「ウ」を付けてしまいがちです。**母音を付けずに、息の破裂だけで発音**しましょう。

t　d

有声の破裂音 / d / は、**上の前歯と歯ぐきの境目に舌先を当てたまま、喉を震わせながら息を強く吐き出して発音**します。このときも、**「ド」や「ドゥ」のように、母音の「オ」や「ウ」を付けないで、喉の振動と息の破裂で発音**しましょう。

ディフィカウト　ブァード
difficult　bird

●破裂音 / k / と / g /

無声の破裂音 / k / は、口の奥側を使います。**舌の奥の方を口蓋に当てて、息を破裂させて発音**してください。このときに**母音「ウ」を付けないで、息だけで発音**するように注意しましょう。

k　g

第3章 破裂音

45

STEP2 Nipponglishで歌おう

QRコードにアクセスするとNipponglishのカナが表記されたYouTube楽曲動画にアクセスできる

Nipponglishの楽曲動画とともに歌いながら発音を練習するページ

オリジナルの歌手が歌っている通りのカナが表記されているので、活きた英語が学べる

STEP 2 Nipponglishで歌おう

練習曲1 Memory ● Sarah Brightman

このフレーズで学べること ●語尾で破裂する破裂音 / t / と / d /

ミーッナーイト　ペイブマント　ランプライト
Midnight　pavement　lamplight

フィート　ウィーンド
feet　wind

POINT ブロードウェイ・ミュージカル『CATS』の劇中歌で、多くのアーティストにカバーされている曲です。最初は静かにつぶやくように歌っているので、語尾の破裂する音が聞き取りづらいかもしれませんが、中盤以降は、はっきりと語尾の破裂音を破裂させて歌っているのが分かります。特に日本人が苦手とする破裂する語尾の / t / が多く聞けます。

練習曲2 Hound Dog ● Elvis Presley

このフレーズで学べること ●語尾で破裂する破裂音 / g / と / d /

ハウン ドーグ　ハイ クラースツ
hound dog　high-classed

POINT この楽曲は数々のアーティストにカバーされ、中でも有名なのが、アメリカの歌手Elvis Presley（エルヴィス・プレスリー）が1956年にリリースしたバージョンです。語尾の / g / を強めに破裂させて練習しましょう。Presleyの個性で「high - classed」の / d / は「ツ」で歌っています。英語の発音の幅として覚えておきましょう。

48

練習曲3 Every Breath You Take ● The Police

このフレーズで学べること ●語尾で破裂する破裂音 / k / と / p /

ブレイク　テイク　メイク　ステップ
break　take　make　step

フェイク　ステイク
fake　stake

POINT イギリスのロックバンドThe Police（ザ・ポリス）のアルバム『Synchronicity』（1983）に収録されている曲です。イギリスやアメリカのビルボードでも1位を獲得しました。この曲では、破裂する語尾の / k / と / p / が韻を踏む形で連続して出てきます。語尾の破裂音には、絶対に母音を付けないように意識しながら歌ってみましょう。

練習曲4 Hold My Hand ● Lady Gaga

このフレーズで学べること ●語尾や子音の前で閉鎖する破裂音

トゥーナーイ　ラス ティア　アンダステーン
tonight　last tear　understand

ジャスツ　ホウ マイ ヘーン
just　hold my hand

POINT 映画『Top Gun：Maverick』のサウンドトラックに収録されている曲です。この曲には、語尾や子音の前で閉鎖する破裂音が繰り返し出てきます。標準的な日本語でも、「私は井上です」の語尾の「す」は / su / ではなく、母音が省略されて、長めの / s / で発音します。英語も同様で、特に省略されやすいのが語尾の破裂音なので、覚えておきましょう。

第3章 破裂音

49

楽曲の中から、発音ルールを学習できる単語をピックアップ。まずは単語を声に出して練習してから、楽曲動画にアクセス。掲載単語の付近から動画が始まるので、カナを見ながら歌いつつ、練習の通り発音ができているか重点的にチェックしよう

Nipponglishの カナ表記の見方

基本の読み方

基本はストレス(強勢)がある音を「強く・大きく・高く・長く」発音するようにしましょう。

ストレスがある音は黒く大きなカナで表されます

弱く発音される音はグレーの小さいカナで表されます

Let's《レッツ》 spea《スピー》k in E《キ ニ》nglish.《ングリッシュ》

キ ニ

英語は強弱のリズムの強勢アクセントで発音されるため、Nipponglishならこのリズム感がひと目で分かります

発音ルール別の見方

本書では、主要な音声変化のルールを色分けまたはアンダーバーで記載しています。

Hot《ハッ》 night《ナイ》

グレー = 破裂しない**破裂音**
オレンジ = 破裂する(閉鎖する)**破裂音**

for a《フォ ラ》 kiss《キス》

ラ

アンダーバー = **音の連結**(アンダーバー下は連結した後の読み)

missed you《ミスチュ》

Ⓨ チュ

赤+Ⓨ = **融合同化**(アンダーバー下は同化した後の読み)

Don't ask《ドン ナスク》

Ⓝ ナ

緑+Ⓝ = **nt同化**(Nの横は同化した後の読み)

at all《ア ロー》

Ⓕ ロ

青+Ⓕ = **悪魔のT**(Fはフラップした後の読み)

here's《ヒーズ》

Ⓢ

オレンジ+Ⓢ = **短縮形**

第1章

あっという間に
ネイティブの発音！
Nipponglish
って何？

そもそも 英語の発音はなぜ難しい？

実は日本人にとって英語の発音が難しいのは当たり前。その大きな原因となる、日本人が言語学習において抱える2つの障壁について紹介していきます。原因が分かったら、それを乗り越えるためのトレーニングに進んでいきましょう。

日本人が背負う2つの壁

これまで、日本人が英語を話せないのは「海に囲まれた島国で、普段英語を使わないから」というのが定説とされてきました。ところが、**日本と同じような条件の島国であるシンガポールやフィリピン、マレーシア**は、母国語に加え英語が公用語になり、**ほとんどの人が英語を話すことができます**。日常的に英語を話す環境にないことは、日本人が英語を話すことを苦手としている原因の一つだと考えられます。しかし、それよりも根本的な原因として、日本人には**「言語の壁」と「年齢の壁」の２つの大きなハンデ**が立ち塞がっているのです。

文字や音のつくりによる「言語の壁」

まずは日本人にとって英語の発音が難しい理由を、言語のつくりの観点から紐解いていきましょう。

●言語を表す3つの文字

まず私たちが話す言語の文字は、大きく3つに分類することができます。

1. 漢字のように、1つの文字が1つの意味を表す……「表意文字」
2. 英語のアルファベットやアラビア文字のように、1つの文字が1つの音を表す……「音素文字」
3. 1 2のどちらにも該当しない、母音と子音のひとかたまりの「音節」を1文字で表す……「音節文字」

この**「音節文字」にあたるのが、日本語のひらがなとカタカナ**です。世界には約6000以上の言語があるといわれていますが、**音節文字を使っているのは日本語・韓国語・ヘブライ語などごく少数の言語**です。

文字は「絵文字」→「象形文字」→「表意文字」→「音節文字」→「音素文字」と段階を経て進化してきたといわれています。**アルファベットに代表される「音素文字」は一番進化した新しい文字**で、**ひらがなや漢字を使う日本語は、文字の進化に取り残されたガラパゴス的な言語**だといえるでしょう。

◉日本語と英語の音構成の違い

日本語は、**母音のア行と、子音と母音が組み合わさった音節文字のカ〜ワ行の五十音**が使われています。日本語の音節における音素の組み合わせは、撥音である「ん」を除いて、母音または子音＋母音の2パターンしかありません。日本語は、この五十音に「ガ・ザ・ダ・バ」行の濁音と「パ」行の半濁音、「キュ、シュ、チュ」などの拗音を合わせて**約110の音節の種類**があります。

一方、**英語の音節は音素文字のアルファベット26文字の組み合わせ**で構成されます。英語の音節における音素の組み合わせは、「母音= a」「子音＋母音 = to」「母音+子音 = at」「子音＋母音＋子音 = can」「子音＋子音＋母音＋子音 = star」などシンプルなものから「子音＋子音＋母音＋子音＋子音＋子音＋子音＋子音 = twelfths」など非常に複雑なものまで含めて、**最低でも2000〜1万以上の種類**があると考えられています。

韓国語は約2000、中国語は約1600の音節の種類があり、世界の主要な言語に現れる音節の種類は2000前後といわれています。それに比べ**日本語は、その1/20程度の約110種類の音節**しかありません。**この音節の種類の少なさが、日本人が英語を話すことを苦手にしている大きな原因**となっているのです。

◉音節の多さは言語の習得しやすさ

英語の音節は約2000種類以上、日本語は約110種類ですが、日本語よりも少ない音節の種類の言語があります。それは**ハワイ語で、約35種類**といわれています。言語の音節の数を、パレットの色数に例えて比較してみましょう。

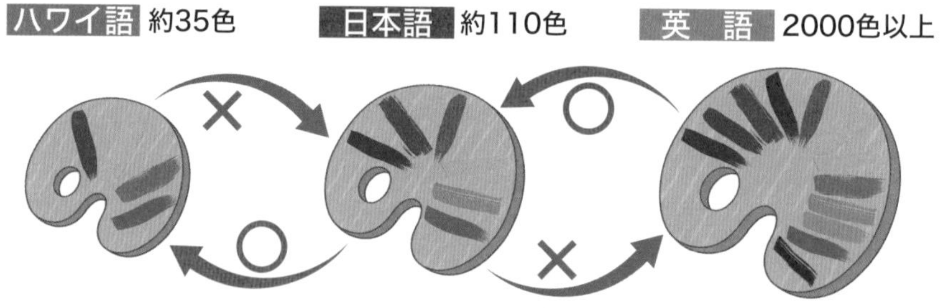

2000以上の色を持っている英語は、約110色の日本語や約35色のハワイ語をきれいに塗ることができますが、**約35色しかないハワイ語**は、**約110色の日本語と2000色以上の英語をまばらにしか塗れません**。また、**約110色の日本語は、英語をまばらにしか塗れませんが、ハワイ語はきれいに塗る**ことができます。つまり母国語の音節の種類が多いほど、子音と母音の組み合わせのバリエーションが増えます。したがって、**母国語の音節より種類が少ない国の言語は容易に発音できる**のです。

Teabreak

日本語よりも音節の種類が少ないハワイ語の「Waikiki ＝ ワイキキ」「Aloha ＝ アロハ」「Ala Moana ＝ アラ モアナ」「Loco Moco ＝ ロコモコ」などは、日本人も容易に発音することができるのではないでしょうか。ハワイが日本人に人気があるのは、言語の親しみやすさも関係しているのかもしれません。

また、ハワイに限らず、韓国やメキシコ、スペインなどの観光地で働いている人は、日本語が話せる人が多いと感じたことはありませんか？　日本人がハワイ語を習得しやすいように、世界に6000以上あるといわれている言語は、たいてい日本語より音節の種類が多いので、多少イントネーションは違っていても日本人に通じる日本語を簡単に話せるのです。音節の種類の多さが、他言語を話すための重要な要素になっているのが理解できると思います。

◉英語ネイティブに日本人のカタカナ英語が通じないワケ

日本人のカタカナ発音の英語がネイティブに通じにくい理由の一つには、**英語と日本語の音節の違い**が挙げられます。英語の「stripe（＝縞柄）」のIPA発音記号と、日本語のカタカナ・ローマ字を比べてみましょう。

日本語	英語
音節文字	音素文字
ス・ト・ラ・イ・プ	stripe
su・to・ra・i・pu	stráip
5音節 1つの音節の中に5つの母音があるため、5音節になる	1音節 発音記号上の母音は1つのみなので、1音節になる

ここでいう**音節は、発音記号上の母音を含むまとまりのこと**です。英語の「stripe」の母音は二重母音（2つの母音が連なり1つの音として発音されること）なので、5つの音素が1つの音節で発音されます。日本語には二重母音がないため、日本人は「ラ・イ」と母音を分けて発音しています。そこに「u・o・u」の母音が混入するため、**カタカナの「ストライプ」は5音節**になります。

日本人が、カタカナで「ストライプ」と5音節で発音すると、**英語ネイティブには「Spring has come at last.」と同じような、5音節の別の言葉に聞こえてしまうこと**があります。したがって、**日本人特有の母音が混入するカタカナ英語の発音は、ネイティブに聞き取ってもらえない**のです。

音節文字を使っている日本人は、**子音だけを発音する文字を持たず、子音だけを発音することもありません**。この文字構造の違いが、日本人が英語を聞き取り、ネイティブライクに発音できない大きな原因の一つとなっています。

◉アクセントと発声方法の違い

英語の文は、**内容を伝える「内容語（名詞・動詞・形容詞など）」**と**形式を整える「機能語（代名詞・前置詞・冠詞など）」**からなります。**内容語は強く、機能語は弱くといった強弱の強勢アクセントで発音される**ため、英語独特のビートのリズムが生まれるのです。対して**日本語は、「柿と牡蠣」や「橋と箸」など声の高低によって仕分ける高低アクセントで発音**されます。

また、英語の発音記号を見ると、英単語にはストレスがある母音に記号が付いていて、この**母音を「強く・高く・大きく・長く」発音**します。しかし、日本語には**英語のようなストレスが付く母音がなく「音節拍のモーラのリズム」**、つまり**1つのかなを1拍と数え、それぞれ同じ長さで発音される**のです。

このアクセントの違いは、音の聞こえ方にも影響してきます。分かりやすい違いが発声方法です。

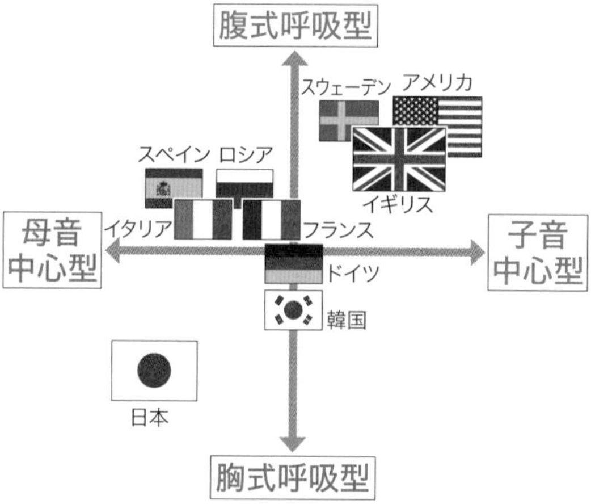

日本語に当てはまる**胸式呼吸型の最大の問題点は声が小さく、響かないということ**です。 これが、日本人の英語が通じづらい一因となっています。さらに、**日本語の発音は母音が中心なのに対して、英語は子音を中心としている点**も違いといえます。

◉世界の言語と比べても日本語は特殊

最後に、英語の「hand（＝手)」をいくつかの国の言語で表して、関連性を見てみましょう。

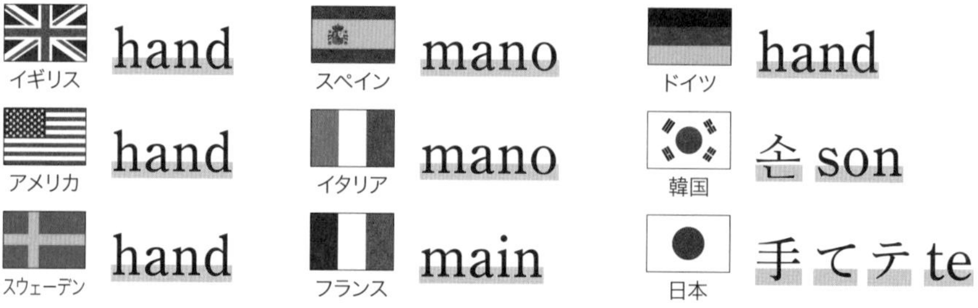

スウェーデン語とドイツ語は英語と同じ、スペイン語・イタリア語・フランス語は英語とスペルは違いますが、グループとして見ると似通っています。韓国のハングル文字は「子音＋母音＋子音」の英語に近い音構造があるため、子音の音だけを発音できます。それに対し**日本語は、英語とスペル上や音構造の関連性もなく、言語の親和性が非常に低い言語**なのです。さらに、**英語と日本語は、文法・語順・文字どれをとっても違います**。つまり、世界中で英語を使う上で、最もきついハンデを背負っているのが日本人といえます。**これが「言語の壁」**です。

時期を過ぎたら越えられない「年齢の壁」

アメリカの心理学者、エリック・レネバーグらによると、**人間は言語の習得に年齢的限界がある**といわれています。**人は乳幼児から思春期までの成熟期間を過ぎると、自然に言語を習得する能力がなくなり**、聞いた音を再現するリピート能力も極端に悪くなることが分かっています。つまり人は、中学校に入る頃には、**第2言語を母語話者のように習得することが著しく困難になってしまうといい、それが「生物学的な原因」**です。

そして、日本は四方を海に囲まれた島国です。最近では小学校での英語教育が必修化されましたが､それでも**日常的に英語を話すこと（＝アウトプットの機会）が少ない「英語ガラパゴス」の環境下**にあります。そんな日本人が、英語音声を習得するためにおもに用いられてきたのが、ネイティブスピーカーの音声を繰り返し聞いて覚える「Listen & Repeat」です。

しかし、感覚的で個人差がある「Listen & Repeat」は、思春期前の人には効果が期待できますが、**思春期を過ぎると、聞いた音をフィードバックする力が衰えていき**、効率が悪くなってしまいます。そんな状態で英語を習得しようとすると、「できないことをやらされる苦痛」と「できない挫折感」で心が折れ、英語を話すことを諦めてしまった人も多いのではないでしょうか。

これまで、日本人が英語を話すために負っている大きなハンデについて説明してきました。**原因が分かれば、そしてその原因を解決する対策を考えれば、ハンデは克服できます。**その対策こそが、Nipponglishです。

Nipponglishの英語発音メソッド

普通のカタカナを読むだけでは分からない、発音の強弱や音声変化のルールをビジュアル化したのがNipponglishのカナ表記。カタカナが英語の発音学習に向いている理由と併せ、例を挙げて紹介していきます。

発音を「見える化」したのがNipponglish

人間の五感による知覚の割合は、視覚83％、聴覚11％、嗅覚3.5％、触覚1.5％、味覚は1％と、**8割以上を視覚に頼っている**といわれています。英語学習でも視覚から得られる情報が重要ですが、**英語は日本語の母音のスペルと違う音で発音されることが、英語学習を難しくする要因**の一つとなっています。

例えば日本語のローマ字の「a」の発音は「ア」だけですが、英語の「a」の発音は複数のバリエーションがあります。他の母音の例とともに見てみましょう。

- a … apple ＝ アップル　april ＝ エイプリル　all ＝ オール
- e … earth ＝ アース　english ＝ イングリッシュ　egg ＝ エッグ
- o … our ＝ アウァ　orange ＝ オレンジ

このように英語と**日本語を見たときに得られる文字情報に違いがあるため、日本人はアルファベットの視覚情報を英語でうまく処理できない**のです。そこで突然ですが、下のテキストと画像を比べて、どちらの方が「音」をイメージできますか？

日本語では「百聞は一見に如かず」英語では「A picture is worth a thousand words.」と言うように、**一目で英語の発音が直感的に分かるよう「見える化」したのが、Nipponglishのカナ記号**です。

カタカナで本当に英語がうまく発音できるの？

日本人の表音文字はカタカナなので、カナをふって英単語の発音を日本語の知覚で記憶するのは、当たり前のことです。しかし、**日本語の文字と英語のアルファベットは音の構造が違うため、カタカナそのものだけでは、英語の発音を正確に表記するのには不向き**です。

英語の会話や歌では、**複数の単語が1つのチャンク（意味や音の塊）として一息で発音**されます。その際、**チャンク内では「短縮」や「連結」、「同化」や「フラップ（弾音化）」など、発音しやすいように音が変化**します。実はカタカナは、こうした英語の音のつながりや変化を表記するのに向いているのです。

英語学習の「拡張子やタグ」となるNipponglish

Nipponglishは、日本人が慣れ親しんだカタカナをベースに、学術的理論と科学データに基づき、**英語の発音をビジュアルで表記した英語発音補助ツール**です。

その有効性は、大学生74名と社会人49名の合計123名を対象に行った大規模な音読実験で、**「Nipponglishのカナ記号があると、ひと目見ただけで83％の人の英語発音が向上すること」が証明**され、外国語教育メディア学会（LET）で論文として刊行されています。例として、「Let's speak in English.」をNipponglishのカナ記号で見てみましょう。

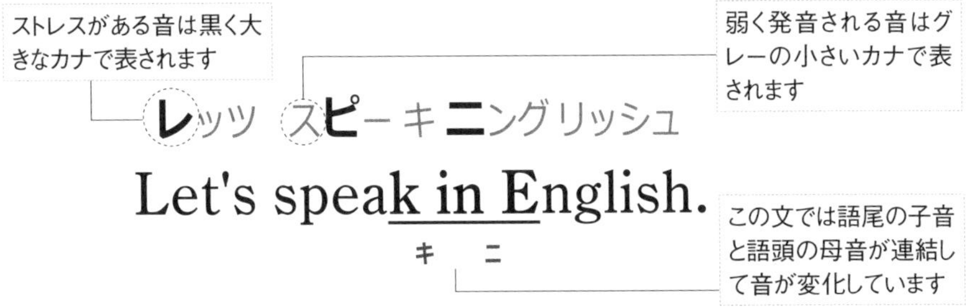

このように**英語の強弱のリズム感や、音声変化がひと目で分かる**ようになっています。データやファイルをパソコンに記憶し、それを引き出すためには、「拡張子やタグ」が必要になりますよね。英語を話すことを苦手にしている日本人が、**英語の音を聞き取りネイティブライクに発音し、記憶するための「拡張子やタグ」の役目**をするのが、Nipponglishのカナ記号です。

英語の発音のポイント

Nipponglishを用いて英語の発音を練習していくにあたって、まずマスターしたい3つのポイントについて解説。英語を話すときに常に意識しておくことで、ネイティブライクな発音に近づきます。

英語に対する認識を変えることから始めよう

YouTubeチャンネルでNipponglishの楽曲動画を公開すると、たまに「カタカナだと『ネイティブのようないい発音』にならないのでは？」とコメントをいただくことがあります。では「ネイティブのようないい発音」とは、一体どんな英語の発音なのでしょうか？　たぶん、日本人はアメリカ人やイギリス人が話す英語をネイティブと言っているのだと思います。しかし、小さな島国の日本でも各地域で方言があるように、**アメリカ、イギリス、カナダやオーストラリアなど英語が公用語の国でも、同じように国や地域により方言があり、どこの国のどの英語がネイティブなのか限定することはできません。**

「コーヒー」を頼んだら「コーラ」が出てきたり、テイクアウトで「フレンチ・フライ」を注文して、家に帰って開けてみたら「フライド・ライス」が入っていた！　こんな僕の海外生活の経験から、声を大にして言えることは、

「英語の発音の良し悪しにこだわりすぎないこと！」

「大きな声で自信を持って英語を話すこと！」

「一番大事なのは、自分の意志を相手に伝え、相手の意志を理解すること！」

これにつきます。**日本人の英語は、カタカナ訛りになるのは当たり前のこと**です。だったら、日本人は「カタカナ訛りでも、世界で通じる英語」を話すことを目指しましょう。その一歩となるのが、ネイティブライクな英語を話すための3つのポイントです。

❶ 英語と同じ数の音節で発音する
❷ 正しい母音でストレスがある音を「強く・高く・大きく・長く」発音する
❸ 強弱のビート・リズムの強勢アクセントで発音する

英語の音節について理解しよう

英単語をネイティブにちゃんと聞き取ってもらうには、**その英単語と同じ音節の数で発音することが第一の必須条件**です。音節文字を使っている日本人が英語を発音すると、無意識に母音が入り込んで、音節が増えてしまいます。**音節数が増えると、英語ネイティブには別の言葉に聞こえてしまう**ため、通じづらくなることは、「言語の壁」（→P.10～）でも説明しました。

◉1つの音節は一息で発音する

音節は「syllable（＝シラブル）」とも呼ばれ、母音を含む1つの音のまとまりを指します。例えば日本語で「stripe（＝縞柄）」は「し・ま・が・ら」と４拍のモーラのリズムで発音されるのに対し、英語の「stripe」は、**1つの音節で一息に強弱を付けたビートのリズムで発音**されます。「stripe」以外でも、日常的にカタカナ語として使っている「strike（＝ストライク）」「stress（＝ストレス）」「scratch（＝スクラッチ）」を、日本人は音節を増やして発音しがちですが、**これらはすべて1つの音節で発音**されます。

◉英単語の音節の数え方

英単語の音節数を見分けるのは簡単です。**英単語の中でいくつ母音が発音されるか**でその数が分かります。つまり**英単語の中で発音される「a・e・i・o・u」の数がそのまま音節数**となります。そうすると「stripe」は語尾に「e」が付いているから、2音節になるのではと思った人もいるかもしれませんが、**語尾の母音の「e」は発音しないので、音節として数えません。**

Stripe

発音記号で表すと / stráip / 。スペル上にある発音しない「e」を除くと、発音される母音は / ái / のみ。そのため1音節ということになります。

また、音節と発音記号は、辞書でも確認できます。例えば「asparagus（＝アスパラガス）」とひくと、**音節は「as・par・a・gus」のように「・」で区切られています。**発音記号を見ると / əspǽrəgəs / のように**ストレスがある母音に「´」が付いています。**いちいち辞書で確認するのは面倒かもしれませんが、**英単語をネイティブライクに発音するための必須条件**なので、意識して発音しましょう。

ストレスや強弱のリズムを意識して発音しよう

英語の内容語には、**「強く・高く・大きく・長く」発音する「ストレスがある母音」**が必ず含まれます。今まで私たちは、英語の授業で「th」や「LとR」、「BとV」などの細かな子音の発音にこだわって、英単語の発音を一生懸命覚えてきました。しかし日常生活の中で、英単語の一語だけを発音することはほぼありません。会話では「主語＋動詞＋目的語＋形容詞」など、**いくつかの単語を組み合わせて文章にしてコミュニケート**します。

◉内容語ははっきりと正確に発音する

英語の会話や歌では、**内容語は強く、形式を整える機能語は弱く発音**します。**内容語は名詞や動詞などの重要なメッセージを伝え、英語のビートリズムの山に等間隔で現れるように発音されます。**また、**機能語はそれらの間に押し込まれるような形で現れます。**そのため英語では、特に自分が欲しい物の名前や、行きたい店や場所を聞くとき、自分の感情を伝えるときなどは、**その目的となる英単語、いわゆる内容語の強勢のある母音を正確に発音することが大切**になってくるのです。

◉英単語の母音の発音はさまざま

英単語の内容語にはストレスがある母音が含まれると説明しましたが、この母音の発音も、単語によってさまざまなバリエーションがあることを覚えておきましょう。例えば日本語は「ア」の音は1つしかありませんが、**英語には５つの「ア」があり、発音記号では / ʌ / , / æ / , / ɑ / , / a / , / ə / で表記**されます。

発音記号	単語例	特徴
/ ʌ /	hut, cut, sun, run, bas	短く発音される母音
/ æ /	hat, cab, tap, bad, chat	「エ」と「ア」の中間の母音
/ ɑ /	hot, cotton, top, not, box	「オ」と「ア」の中間の母音
/ a /	night, rice, cow, fire	二重母音や三重母音ではっきり発音する最初の「ア」の音
/ ə /	apart, support, material, today	２音節以上の単語で、ストレスのない音節に現れる。弱く短いので曖昧母音とも呼ばれる

◉Nipponglishで母音の発音を練習

さきほどの表で説明した５つの「ア」をNipponglishのカナ表記で練習してみましょう。ここでは母音の位置を示すため、発音記号とともに見ていきます。

hʌ́t	hǽt	hɑ́t	náit	gə́rl
hut	hat	hot	night	girl
ハット	**ヘ**アット	**ホ**アット	**ナ**イト	**グ**アウ

同じ「ア」でも異なるアクセント、発音をしているのが分かりますね。Nipponglishの単語バージョンのカナ記号では、よりネイティブライクに発音できるように、英語の / ʌ /, / æ /, / ɑ /, / a /, / ə / それぞれの音を区別して表記しています。

fɑ́ːðə	spíːtʃ	tɔ́ːk	súː
father	speech	talk	sue
ファーザ	ス**ピ**ーチ	**ト**ーク	**ス**ー

上記は**長く伸ばして発音する長母音**です。外来語を表すカタカナでは「ー」で表現していますが、ひらがなには「ー」はありません。

ái	háus	bɔ́i	péə(r)
eye	house	boy	pair
アイ	**ハ**ウス	**ボ**イ	**ペ**ア

「eye, house, boy, pair」などは、**2つの母音が重なって1つの母音として発音される二重母音**です。日本語の「愛 ＝ ア・イ」は、2つの音ではっきり発音しますが、**英語の二重母音は、最初の母音にストレスがあり、次の母音は弱く1音節で発音**します。

fáiə(r)	áuə(r)	fláuə(r)	táuə(r)
fire	hour	flower	tower
ファイア	**ア**ウア	フ**ラ**ウア	**タ**ウア

イギリス英語では、上の4つの単語は、**3つの母音が重なって1つの母音として発音される三重母音**です。三重母音とされる単語は諸説あり、アメリカ英語では「flow・er」「tow・er」のように、二重母音と曖昧母音に分けて、2音節で発音されます。

洋楽は英語学習にベストな教材

英語の会話や歌では、意味のまとまりであるチャンクの中で、さまざまな音声変化が起こります。こうした英語表現の幅を学ぶのに最適なのが洋楽です。実際の曲を例に見ていきましょう。

洋楽が英語学習に向いている理由

英語の音声変化は、国や地域、話者のスピードによって異なります。**こうした発音のバリエーションを学ぶのにぴったりの教材が、洋楽**です。3つの理由を見ていきましょう。

❶ 音楽に合わせて歌うことでアウトプットの強化になる
❷ リスニング力の向上にもつながる
❸ バラエティーに富んだ活きた英語を学べる

Nipponglishのカナ記号は、**歌のリズム感をビジュアルで直感的に理解できる**ため、ネイティブライクな発音で、音がずれることなく歌うことができます。

そして意識的に大きな声で歌うことは、**脳にある記憶情報を出力するための回路を強化すること**になります。**また、自分が歌える英語のフレーズやチャンクは、完全に自分で聞き取れるということなので、リスニング能力も向上**していきます。3つめの理由については、次ページで詳しく説明します。

最後に、洋楽で英語の発音を練習する3つのコツをお伝えします。まずは**細かな発音の正確性は気にせずに、とにかく声に出して歌ってみてください。**Nipponglishのカナ表記が必要なくなれば、ネイティブライクな発音が身に付いた証拠です。

❶ 英語の細かな発音は気にしなくて OK ！
❷ Nipponglish のカナ記号をガイドに大きな声で歌おう
❸ 何度も繰り返して歌おう

英語のバリエーションが学べる洋楽

1985年、アフリカの飢餓を救済するために、アメリカのスーパースターたちが「USA for Africa」として集結し、**歴史的なチャリティーソング『We Are The World』をリリース**しました。この曲は、ルーツやバックグラウンドが違うスターたちが、同じフレーズ「just you and me（＝あなたと私だけ）」を、それぞれの個性で音を変化させて歌っています。QRコードからYouTube動画にアクセスして聞いてみましょう。

We Are The World ● USA for Africa

Ⓐ 1分36秒頃

ジャシュー　アン　ミー

just you and me

Ⓨ シュ

Ⓑ 2分33秒頃

ジャスチュ　アン　ミー

just you and me

Ⓨ チュ

Ⓒ 3分50秒、4分18秒頃

ジャスツ　ユー　アン　ミー

just you and me

Ⓓ 4分44秒頃

ジャス　ユー　アン　ミー

just you and me

ⒶではDiana Ross（ダイアナ・ロス）とMichael Jackson（マイケル・ジャクソン）が**「just」の / s / と半母音の / j / を融合同化させ、変化した音を強く**歌っています。ⒷではDaryl Hall（ダリル・ホール）が、**/ t / が脱落したことにより、/ s /と/ j / を融合同化して発音**しています。ⒸはBob Dylan（ボブ・ディラン）が、**「just」の / t / を個性的な発音で歌っています**。そして**すべてのパートで「and」の語尾の破裂音 / d / を発音していません**。ⒹではRay Charles（レイ・チャールズ）が**「just」と「and」の語尾の破裂音を発音せずに歌っています**。

ここで出てきた破裂音や融合同化については、これから詳しく説明するので、まだ理解できていなくて大丈夫です。**英語は話者やスピードによって発音が変化すること、すべてのスペルを発音するわけではないこと**の2つを理解して、次に進みましょう。

column 1

英語環境で育った娘たち

今から約25年前に、家族でハワイに移住したタイミングで、当時3歳の双子の娘たちをハワイの幼稚園に入園させました。まだ3歳で、日本語もままならない時期でした。幼稚園の送り迎えでも、最初の頃は親の後を追って大泣きです。心を鬼にして子供たちを置いて帰ってきたのを覚えています。

それでも娘たちは、だんだんと幼稚園の環境に慣れていき、卒園時には友達と英語で意思疎通ができるようになりました。小学校は、日本のインターナショナルスクールへ通うことになり、家族で日本へ帰ってきたのです。入学式では担任の先生から「家では絶対に英語で話さないでください」と言われました。英語で授業を受けていると英語で話す方が楽になり、逆に母国語の習得が難しくなってしまうからだそうです。家では、僕らは娘たちと日本語で話し、娘同士は英語で話すという生活が始まりました。そしてインターの小学校を卒業した後に、今度はカナダのバンクーバーへ移住しました。子供たちは中学、高校、大学と英語環境で育った結果、考え方や習慣など、頭の中はすっかり英語ネイティブです。娘たちの頭の中を客観的にのぞき込める特別な立場で、英語と日本語を比較できたことが、Nipponglish誕生の原動力になったのは間違いありません。

第2章

まずは1曲まるごと歌ってみよう

第2章 まずは1曲まるごと歌ってみよう

人気の洋楽をマスター！

詳しい音声変化の解説に入る前に、まずはNipponglishのカナ記号に沿って洋楽を歌ってみましょう。音の連結や融合同化など音声変化のポイントも記載しているので、歌うことに慣れてきたら併せてチェックしてください。

歌詞の見方

本誌で紹介している主要な音声変化を色分けまたはアンダーバーで記載。詳細は該当ページで解説しています。

Hot night《ハッ ナイ》 破裂音 →P.41	for a kiss《フォラ キス》 ラ 音の連結 →P.51	missed you《ミスチュ》 Ⓨチュ 融合同化 →P.73
Don't ask《ドン ナスク》 Ⓝナ nt同化 →P.83	at all《アロー》 Ⓕロ 悪魔のT →P.95	here's《ヒーズ》 Ⓢ 短縮形 →P.119

POINT　本誌で紹介する音声変化に関連して押さえておきたいポイントを解説しています。

＋α　本誌で紹介する音声変化以外に、知っておくとさらにネイティブライクな発音に近づくコツを紹介。

洋楽をネイティブライクに歌うためには、どの音を強く・高く・大きく・長く歌うのか理解することが大切です。しかし生の英語を聞く機会が圧倒的に少ない日本人には難しいところ。Nipponglishのカナ記号は、英語のビート感・抑揚・ストレスが直感でイメージできるようにカナの大きさを変えてあります。黒く大きなカナは強く・高く・大きく・長く、リズムに合わせて発音してみてください。グレーのカナは弱く歌われている音なので、リズムに間に合わなかったら省略してもOKです。英語はすべてのスペルを発音しないことが多いので、省略しても大丈夫。カナ記号を見ながら発音することに慣れてきたら、本編で詳しい音声変化を理解していきましょう。

Song 1 Call Me Maybe ● Carly Rae Jepsen

素敵な人に出会えるように祈っていた女の子の前に突然、理想的な人が現れ一目ぼれし、「出会ったばかりなのに（＝I just met you)、こんなことするのおかしいよね（＝this is crazy)、でも！ これ私の電話番号なの（＝But here's my number)、ねえ、電話してくれるよね？（＝So call me maybe)」とドキドキしている、女の子の感情が歌われています。

I《アイ》 threw《スルー》 a《ア》 wish in《ウィッシン》 the《ナ》 well《ウェゥ》

シ Ⓝナ

Don't ask《ドンナスク》 me《ミ》, I'll《アゥ》 never《ネバ》 tell《テゥ》

Ⓝナ Ⓢ

I《アイ》 looked《ルック》 to《トゥ》 you《ユー》 as it《アズィッ》 fell《フェウ》

ズィ

And《アン》 now《ナウ》 you're《ユ》 in《イン》 my《マイ》 way《ウェイ》

Ⓝ Ⓢ

I《ア》 trade《ツレイ》 my《マ》 soul《ソー》 for a《フォーラ》 wish《ウィシ》

ラ

Pennies and《ペーニザン》 dimes《ダイムズ》 for a《フォラ》 kiss《キス》

ザ Ⓝ ラ

POINT
英語の歌や会話では、子音で終わる単語の次に母音や半母音で始まる単語が続くと、連結して音が変化し、1つの塊として発音されることが頻繁に起こります。この場合、「wish」の語尾の / ʃ / と「in」の語頭の / i / が連結して音が変化しています。連結する音をアンダーバーで結び、その下に変化した音を表記しています。

POINT
「in」の語尾の / n / と「the」の / th / が / n / + / th / になると、1つの / n / として発音されるため、「the」は「ナ」と歌われています。

POINT
「Don't」のように語尾が / n / + / t / の形になると、同化して1つの / n / として発音されることがあります。Nipponglishでは、この現象を「nt同化」と呼んでいます。nt同化は、/ n / + / d / や / n / + / th / の形になると同様に起こります。ここでは「Don't」の語尾の / n / と「ask」の語頭の母音 / æ / が連結して音が変化しています。

POINT
「looked」の語尾の / t / のように、破裂音と呼ばれる / p /, / t /, / k /, / b /, / d /, / g / が語尾や子音の前にあると破裂（発音）されないことがよくあります。

POINT
/ t / + / r / は、2つの子音が結合して1つの子音として発音されます。Carlyは「ツレイ」に近い発音で歌っていますが、「チュレイ」のような音で発音されることもあります。

I《アイ》 wasn't《ワズン》 looking《ルッキン》 for《フォー》 this《ズィス》 Ⓝ

But《バッ》 now《ナウ》 you're《ヨ》 Ⓢ in《イン》 my《マイ》 way《ウェイ》

Ⓐ

Your《ヨー》 stare《ステー》 was《ワズ》 holding《ホーディン》

Ripped《リップ》 jeans《ジーンズ》, skin《スキン》 was《ワズ》 showin'《ショーイン》

Hot《ハッ》 night《ナイ》, wind《ウィン》 Ⓝ was《ワズ》 blowin'《ブローイン》

Where《ウェー》 you《ユ》 think《スィンク》 you're《ユ》 Ⓢ going《ゴーイン》, baby《ベイビ》?

POINT
否定の短縮形は語尾が / n / + / t / になるため、同化して発音されることが多く、語尾の / t / が聞こえないことがあります。しかし英語の否定形は強く発音されるので、強弱で判断できることが多いです。

POINT
代名詞の「you」とbe動詞「are」は、短縮形の「you're」で発音されます。「your」と同じ音なので、文章の意味で聞き分けましょう。

POINT
「holding」のような進行形の「～ing」を、日本人は「イング」と語尾の / g / を発音してしまいがちです。しかし「～ing」の語尾は鼻音の / ŋ / なので、「グ」ではなく、「ン」で発音しましょう。ただし、次に母音が来た時や文末で舌が離れる際に / g / の音が聞こえることがあります。

POINT
無声の破裂音 / t / で終わる単語が続きますが、最初の / t / は破裂する準備の「閉鎖」が「ッ」のような音で間として残っています。また「night」の語尾の / t / は破裂していません。

プラスα　ダークLとライトL

「I'll」や「tell」など、語尾のLは母音の「ウ」や「オ」に近い暗い音で発音されるため「ダークL」と呼ばれています。語尾のL以外にも、「help」など母音の後のLも同様に「ダークL」で発音されます。これに対して「ライトL」というものもあります。例えば「look」のような語頭のLや、「lemon」のように後にストレスがある母音が来るときのLは、明るく、はっきりと発音されます。

I'll《アゥ》 Ⓢ never《ネバ》 tell《テゥ》

looking《ルッキン》 for《フォー》 this《ズィス》

★サビ

ヘイ　ア ジャス メッ ユー
Hey,　I just met you

アン ズィ シズ クレイジー
and this is crazy
Ⓝ　シ

バッ ヒーズ マイ ナンバー
But here's my number,
Ⓢ

ソ コー ミ メイビー
so call me maybe

Ⓑ

イッツ ハー トゥ ルック ライ　ア チュ ベーイビ
It's　hard to look right　at you, baby
Ⓢ　Ⓨチュ

バッ ヒーズ マイ ナンバー
But here's my number,
Ⓢ

ソ コー ミ メイビー
so call me maybe

ヘイ　ア ジャス メッ ユー
Hey,　I just met you

アン ズィ シズ クレイジー
and this is crazy
Ⓝ　シ

バッ ヒーズ マイ ナンバー
But here's my number,
Ⓢ

POINT
代名詞の「I」は、残りの歌詞やリズム配分の兼ね合いで「ア」や「アイ」と発音されたりします。

POINT
「just」の / t / は破裂せず、「met」の / t / は閉鎖しています。「met you」は、連結して「メッ チュー」と発音されることもあります。英語は1つの発音だけを覚えるのでなく、変化する音の幅を理解することが重要になります。

POINT
英語の歌や会話では、隣り合った音同士が発音しやすいように変化することがあります。この現象を「同化」といいます。また、「at you ＝ ア チュ」のように、破裂音 / t / の次に半母音 / j / で始まる単語が続くと、別の音に変化します。この現象を「融合同化」といいます。このように、無声の破裂音 / t / は、現れる位置によりさまざまな音に変化するため、Nipponglishでは「悪魔のT」と呼んでいます。

POINT
「here's」は、「here」と「is」の短縮形です。

so《ソ》 call《コー》 me《ミ》 maybe《メイビー》

And《アンズ》 all《オー》 the《ジ》 other《アザ》 boys《ボーイズ》

★サビ

try《ツライ》 to《ル》 chase《チェイース》 me《ミ》

Ⓕル

POINT

無声の破裂音 / t / が単語間や単語内で母音に挟まれる形になると、「ラ行音」に変化することがあります。この現象を「フラップ（弾音化）」といいます。ここでは「to」の / t / が「try」の語尾の母音と「to」の母音に挟まれて、ラ行音の「ル」に変化していますね。この現象を理解するだけで、英語の音を飛躍的に聞き取れるようになります。

But《バッ》 here's《ヒーズ》 my《マイ》 number《ナンバー》,

Ⓢ

so《ソ》 call《コー》 me《ミ》 maybe《メイビー》

You《ユ》 took《トゥッ》 your《キョ》 time《タイム》　with《ウィ》 the call《コー》

キョ

POINT

「took」の語尾の破裂音 / k / と半母音 / j / が連結しています。英語の会話や歌では、半母音で始まる「you」「your」「you're」などが、前の子音と連結することが頻繁に起こります。

I《アイ》 took《トゥク》 no《ノー》 time《タイム》　with《ウィ》 the fall《フォー》

You《ユ》 gave《ゲイブ》 me《ミ》　nothing《ナッスィン》 at《ネー》 all《ロ》

ネⒻロ

POINT

「nothing」の語尾の / ŋ / は鼻音なので、次の「at」の母音と連結し、「at」の語尾の / t / が母音に挟まれる形になります。その結果、/ t / はフラップして連結しています。このように英語では、3つ以上の単語が連結し、1つの塊として発音されることがあります。

But《バ》 still《スティ》 you're《ユ》　in《イン》 my《マイ》 way《ウェイ》

Ⓢ

I《アッ》 beg《ベー》 and《ガン》 borrow《ボーロ》　and《アン》 steal《スティーウ》

ガ Ⓝ　Ⓝ

At《アッ》 first《ファス》 sight《サイ》 and it's《ンツ》 real《リーゥ》

Ⓝ Ⓢ

I《ア》 didn't《ディドゥン》 know《ノー》 I《アイ》 would《ウ》 feel it《フィーリッ》

Ⓝ リ

But《バッ》 it's《イツ》 in《イン》 my《マイ》 way《ウェイ》

Ⓐ 繰り返し

★ サビ繰り返し

Ⓒ Before《ビフォー》 you《ユ》 came into《ケイミントゥ》 my《マイ》 life《ライフ》,

ミ

POINT
「and」のように、単語内で / n / + / d / の形になった場合にも、1つの / n / として発音されるnt同化が起こります。

POINT
否定の助動詞の短縮形「didn't」は、明確に否定の意志を伝えるため、強く発音されます。

プラスα

サイレントe

「サイレントe」とは、単語の語尾に / e / が付いたとき、その / e / は発音せず、一つ前の音が発音されることです。例えば「came into my life」の「came」の語尾 / m / と「into」の / i / が連結し、「ミ」として発音されています。

話は変わりますが、海外でビジネスをしている井上さんが、「Inoue」と書いた名刺を渡すと、英語ネイティブは語尾の / e / を発音しないので、「イノー」と読みます。そこで、名刺のスペルを「Inouye」と / e / の前に / y / を入れることで、/ e / が発音され、「イノウエ」に近い発音になるようにしている井上さんを多く見かけます。

came into《ケイミントゥ》 my《マイ》 life《ライフ》,

ミ

I missed you《ア ミスチュ》 so bad《ソー バー》

Ⓨ チュ

POINT

過去形の「missed」の語尾は / d / でなく / t / で発音します。そのため破裂音 / t / の次に半母音 / j / で始まる単語が続き / t / が / j / と融合同化し、音が / tʃ / に変化して連結しています。

POINT

「bad」の語尾の有声の破裂音 / d / は破裂しないで歌われています。

I missed you《ア ミスチュ》 so bad《ソー バー》

Ⓨ チュ

I missed you《ア ミスチュ》 so, so bad《ソー ソー バー》

Ⓨ チュ

Ⓒ

Before you《ビフォー ユ》 came into my life,《ケイミントゥ マイ ライフ》

ミ

I missed you《ア ミスチュ》 so bad《ソー バー》

Ⓨ チュ

And you should《アンニュ シュ》 know that《ノー ザッ》

Ⓝ ニュ

POINT

「And」の / n / + / d / がnt同化し、次の半母音で始まる「you」と連結して音が変化しています。

I missed you《ア ミスチュ》 so, so bad《ソー ソー バー》

Ⓨ チュ

Ⓑ 繰り返し

Hey,《ヘイ》 I just met you《ア ジャス メッ ユー》

and this is crazy《アン ズィシズ クレイジー》

Ⓝ シ

POINT

「and」はnt同化して、1つの / n / として発音されていますが、話者の個性やスピードによっては、同化しないで発音されることもあります。

But《バッ》 here's《ヒーズ》 my《マイ》 number《ナンバー》,

Ⓢ

so《ソ》 call《コー》 me《ミ》 maybe《メイビー》

POINT
この曲のタイトルにもある「maybe」は語尾が / e / ですが、「may + be」なので / e / が発音されます。また「yankee」や「coffee」のように、語尾の / e / の前に母音がある場合も / e / が発音されます。

And《アンズ》 all《オー》 the《ジ》 other《アザ》 boys《ボーイズ》

try《ツライ》 to《ル》 chase《チェイース》 me《ミ》

Ⓕル

POINT
「try」の / tr / は「チュ」や「ツ」など1つの子音として発音します。「トライ」のように母音「オ」を入れてしまうと音が異なり、リズムがずれてしまうので、英語の歌では特に注意しましょう。

But《バッ》 here's《ヒーズ》 my《マイ》 number《ナンバー》,

Ⓢ

so《ソ》 call《コー》 me《ミ》 maybe《メイビー》

Ⓒ 繰り返し

So《ソ》 call《コー》 me《ミ》 maybe《メイビー》

Song2 Top Of The World ● Carpenters

アメリカのポップデュオ、Carpenters（カーペンターズ）の楽曲です。「あなたがいるだけで、『世界の頂点＝（Top Of The World）』にいるような気持ちになる」という内容のラブソングです。ボーカルのKaren（カレン）の聞き取りやすい英語で、連結する音をリスニングしてみましょう。アップテンポの楽しいリズムに乗って、連結する音を意識して歌ってください。

POINT
ここでは、歌い始めの「Such」の語尾の子音 / ch / と母音 / a / が連結して「チャ」に音が変化していますね。

POINT
「feeling is」の短縮形です。ここの「〜ing」も「〜イング」と発音するのではなく、/ ŋ / が鼻音なので「ン」と発音しましょう。

POINT
この「coming over」は、「coming」の語尾の / ŋ / が / n / に変化し、次の「over」と連結して「カーミノーバ」と歌っています。

サッチャ　フィーリンズ　　カーミノーバ　ミー
Such a feeling's　coming over me
チャ　Ⓢ　ノ

ゼァリズ　　ワンダリン　モース
There is　wonder in most
リ　リ

エブリスィング　アイ　スィー
everything I see

プラスα　音のバリエーションを理解しよう

「feeling's」の「ng」は「ン」と発音すると説明しましたが、次に来る「everything」は「エブリスィング」と / g / の音で連結されています。これは、鼻音の / ŋ / が次の母音と連結することで発せられる音で、弱い破裂音の / g / のように聞こえます。話者や会話、歌のスピードにもよりますが、曲の中でボーカルのKarenは、/ n / と / g / の両方で連結させて歌っています。「〜 ing」の発音や、連結する音に注目して歌ってみるのもおもしろいですね。

エブリスィング　アイ　スィー
everything I see

ナーラ　クラーウディン　ナ　スカーイ
Not a　cloud in the sky,
F ラ　ディ N

ガッ タ　サーニン　マイ　アイズ
got the　sun in my eyes
ニ

エンダイ　ウォン　ビー
And I　won't be
ダ　N

サプライズデフ　イッツァ　ドゥリーム
surprised if　it's a dream
デ　S ツァ

エブリスィンガイ　ウォン　ザ
Everything I　want the
ガ　N

ワーゥ　トゥ　ビー
world to be

イズ　ナウ　カミン　トゥルー
Is now coming true

イスペシャリー　フォー　ミー
especially for me

POINT
「Not a」は、「Not」の / t / が、前後の母音に挟まれフラップ現象を起こして、ラ行音に変化して連結しています。

POINT
「in the」は、単語間で / n / + / th / の形になるため、1つの / n / として発音されます。それにより、「the」は「ナ」で発音されていますね。

POINT
ここでもnt同化が起こっています。助動詞の否定形「won't」の語尾は / n / + / t / の形になるため、同化し1つの / n / で発音します。

POINT
「world to be」の「world」の語尾の破裂音 / d / は、次に同じく破裂音の / t / があり、破裂音が重なるため、最初の / d / が発音されていません。

And《アン》 the《ザ》 reason《リーズ》 is《ニズ》 clear《クリーァ》,

Ⓝ ニ

it's《イッツ》 because《ビコーズ》 you《ユ》 are《アー》 here《ヒーァ》

Ⓢ

You're《ヨー》 the《ザ》 nearest《ニァレス》 thing《スィン》

Ⓢ

to《トゥー》 heaven《ヘブン》 that《ゼ》 I've《ラーブ》 seen《スィーン》

Ⓕラ Ⓢ

POINT
「And」も / n / + / d / の形になり、nt同化と同様に / d / は発音されません。

POINT
主語とbe動詞は、歌や会話では短縮形で一息で発音されます。

★サビ

I'm《アイム》 on《オン》 the《ザ》 top《タップ》 of《オブ》 the《ザ》 world《ワーゥ》

Ⓢ

looking《ルキン》 down《ダウ》 on《ノン》 creation《クリエイション》

ノ

And《ナン》 the《ディ》 only《オンリー》 explanation《エクスプラネイション》

ナ Ⓝ

I《アイ》 can《キャン》 find《ファーイン》

Ⓝ

POINT
この「And」は、前の「creation」の語尾の / n / の音に影響を受けて、「ナン」と発音されています。そして「And」の語尾の / d / は、発音されていません。語尾のスペルが / nt / や / nd / で終わる場合、/ t / や / d / は / n / と同化して1つの / n / として発音されることが多くあります。

POINT
「find」は「ファインド」ではなく、語尾の / d / を発音していません。

★サビ

イズ ザ ラーブ　ザ ラブ ファーウン デーバ
Is the love　that I've found ever
Ⓕラ Ⓢ　デ

スィンス ユブ　ビ ナラウン
since you've　been around
Ⓢ　ナ Ⓝ

ヨー ラブズ　プッ ミー アッ タ
Your love's　put me at the
Ⓢ

タップ オブ ザ ワーゥ
top of the world

サムスィーニン ザ　ウィン ダズ
Something in the　wind has
ニ　ダ

ラーン マイ ネーイム
learned my name

アンディッ　テリン ミー
And it's　telling me
ディ Ⓢ

ザ スィンザ　ナッ タ セーイム
that things are　not the same
ザ

POINT
「that」の語尾の / t / の後に、母音で始まる短縮形の「I've」が続くと、/ t / はラ行音に変化して連結します。/ d / も同様にフラップして連結しています。

POINT
「found」の語尾の / d / と「ever」の語頭の母音 / e / が連結しています。語尾が / nt / や / nd / で終わる単語はnt同化して、/ n / で連結する場合と、語尾の / t / や / d / と連結する場合があります。

POINT
無声の破裂音 / t / が語尾にあり、次に子音で始まる単語が続くと、/ t / は破裂したり、閉鎖だけしたりします。この間が日本語の「熱っ」のような促音の発音として残ります。

POINT
破裂音の / t / や / d / が文末にあると、破裂しないことがよくあります。無声の破裂音 / t / は、現れる位置により連結したり、フラップしたり、同化したり、閉鎖したり、破裂しなかったりとさまざまな音に変化します。この「T」の攻略法をのちほど詳しく学習していきましょう。

POINT
英語の歌は、韻を踏んで歌われることがよくあります。ここでは「trees」と、後に出てくる「breeze」が韻を踏んでいますね。

In《イン》 the《ザ》 leaves《リーブズ》 on《オン》 the《ザ》 trees《トゥリーズ》

and《アン》 the《ザ》 touch《ターッチ》 of《オブ》 the《ザ》 breeze《ブリーズ》
Ⓝ

POINT
この「There's」は、「There is」の短縮形で、後ろの / a / と連結して発音されています。

There's《ゼー》 a《ザ》 pleasing《プリーズン》
Ⓢ ザ

POINT
「sense」や「There」のように、英単語にある語尾の / e / は、発音されることがありません。これらの単語の語尾の子音は / s / や / r / になります。この子音と次の語頭の母音が連結して歌われています。なお例外として、「recipe」や「committee」のように、語尾の / e / を「イー」と発音する単語もあります。

sense of《センソブ》 happiness《ハピネス》 for《フォー》 me《ミー》
ソ

There is《ゼァリズ》 only《オンリ》 one《ワン》 wish《ウィシュ》
リ

on《オン》 my《マイ》 mind《マーイン》
Ⓝ

When《ウェン》 this《ズィス》 day《デイ》 is《イズ》 through《スルー》

I《アイ》 hope《ホープ》 that I《ゼライ》 will《ウィゥ》 find《ファーイン》
Ⓕラ Ⓝ

That《ザ》 tomorrow《トゥモーロ》 will《ウィゥ》 be《ビー》

just《ジャス》 the《タ》 same《セイム》 for《フォ》 you《ユ》 and《アン》 me《ミー》
Ⓝ

A《オー》ll I《ライ》《ラ》 need《ニード》 will《ウィゥ》 be《ビ》 mi《マイ》ne if《ニフ》《ニ》

you《ユ》 are《アー》 here《ヘーア》

★ サビ繰り返し×2

POINT
「That」の語尾の / t / と「tomorrow」の語頭の / t / のように、単語間で同じ子音が重なる場合、最初の子音の発音が省略されることがよくあります。

POINT
助動詞の「will」の語尾にある / l / は、ダークLなので、母音の「ウ」や「オ」のような暗い音で発音されます。

POINT
ここでは「mine」の / n / と「if」の / i / が連結して、「マイ ニフ」のように聞こえます。

プラスα

「the」の発音は「ザ」だけじゃない

「not the same」の歌詞にある冠詞の「the」は弱い音なので、弱化して前の「not」の語尾の / t / に影響を受け、「タ」で発音されています。英語の授業などで、特に一生懸命「th」の発音を練習してきた人も多いのではないでしょうか。しかし、「th」も歌や会話の中でさまざまな音に変化します。前後の音によって違った音で発音されるため、「the ＝ ザ」と覚えるのではなく、発音は「not the same」のようにチャンクで覚え、まねをしましょう。

not《ナッ》 the《タ》 same《セーイム》

column 2

LとRを簡単に発音する方法

英語には「L」と「R」の2つのラ音がありますが、日本語にはラ音が1つしかありません。みなさんの中でも、特に「L」と「R」の発音を分けるのが苦手な人が多いのではないでしょうか。

Nipponglishでは、オレンジの小さい「ウ」の音で日本語のラ音を英語のR音へ矯正します。言葉は、舌・唇・のど・鼻を使って発音するため、「ウ」を発音する口の形を作ると、舌が自然に動きます。

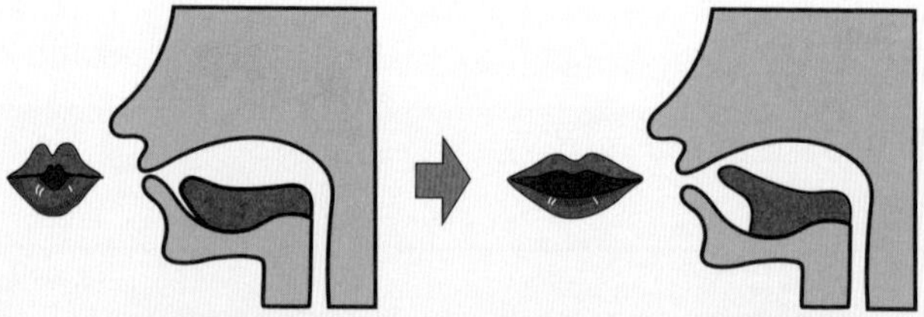

ウの口の形を作って　　ラ行を発音する

「ウ」の口の形のまま次のラ行音を発音すると、ネイティブライクなR音が発音できます。実際に Nipponglishのカナ記号をガイドに「lice」と「rice」、「light」と「right」、「long」と「wrong」、「lain」と「rain」を発音してみましょう。

lice《ライス》 ↔ rice《ウライス》　light《ライト》 ↔ right《ウライト》

long《ローン》 ↔ wrong《ウローン》　lain《レイン》 ↔ rain《ウレイン》

オレンジのカナ「ウ」は発音せず、口の形をつくるだけです。これなら簡単に英語の「L」と「R」の発音を仕分けることができると思います。ぜひ練習してみてください。

第3章

破裂音

第3章 破裂音

破裂音って何？

- 無声の / p /, / t /, / k / と有声の / b /, / d /, / g / がある
- 日本語にも破裂音があり、その名の通り息を破裂させて発音する
- 破裂音は現れる位置によって、破裂または閉鎖したりする

破裂音は無声と有声に分かれる

破裂音とはその名の通り、**唇や歯、口蓋などの調音器官を閉鎖して呼気を止めた後、急に開放して発する音**です。日本語だと、「鉄板（tep**p**an）」「田んぼ（**t**anbo）」「会話（**k**aiwa）」などの**無声の破裂音 / p /, / t /, / k /** と、「爆発（**b**akuhatsu）」「断崖（**d**angai）」「学習（**g**akushu）」などの**有声の破裂音 / b /, / d /, / g /** があり、いずれも破裂音の次に母音が続いています。**英語の破裂音も同じで、無声の破裂音 / p /, / t /, / k / と、有声の破裂音 / b /, / d /, / g /** があります。

破裂しない破裂音もあることを覚えよう

日本語は基本的にすべての文字を発音しますが、英語は必ずしもそうではありません。**特に破裂音は語尾や音節の最後、子音の前にあると破裂しない**ことがよくあります。例えば、日本ですっかりおなじみのアメリカの大型量販店「Costco（＝コストコ）」ですが、アメリカ人は音節の最後や語尾の破裂音の / t / を発音しないので、**「コストコ」ではなく2音節で「コース・コウ」と発音**します。

コースコウ

Costco

英語で道を尋ねるときに「コ・ス・ト・コ ＝ 4音節」で発音してしまうと、正しく聞き取ってもらえないかもしれません。スーパーなどの固有名詞を伝える際は、英語と同じ音節数になるように気をつけましょう。

破裂音は「閉鎖」すると発音しなくなる

海外のファストフード店などで販売されている「hot dog（=ホット・ドッグ）」や「hot chocolate（=ホット・チョコレート）」のように、**語尾や子音の前に破裂音があると、直前の母音が急激に止まり、破裂する準備としての「閉鎖」だけが起こり、破裂しないこと**がよくあります。

ホッ　ドー	ホッ　チョコレッ
hot dog	hot chocolate

この**閉鎖する破裂音は、日本語の促音の「っ」に似た音**になります。**日本語でも「寒っ」「高っ」「痛っ」などと言いますが、英語もこれと似た表現**だと考えましょう。さらに「世界で使われている英語 ＝ Global English」は、さまざまな国のアクセントが混じるため、「hot」や「dog」は、話者により以下のような母音で発音されることもよくあります。

ハッ　ダー	ハッ　チャコレッ
hot dog	hot chocolate

プラスワンポイント

他の子音も連続すると発音されないことがある

破裂音は位置によって破裂しないことがあると説明しましたが、他の子音でも同様のパターンが見られます。例えば「room mate」や「gas station」のように2つの単語が連なり、語尾の子音と語頭の子音が同じ場合、グレーの子音は発音されず、ピンクの子音だけが発音されます。「big game」のように語尾と語頭に破裂音が続く場合は、閉鎖だけされるため、「っ」のような間が残ります。

ルー　メイト	ガ　ステイション	ビッ　ゲイム
room mate	gas station	big game

STEP 1 練習しよう

＼CHECK!／

- ☑破裂する破裂音は、母音を付けずに息だけで発音する
- ☑語尾や文末にあると破裂せず、閉鎖だけすることがよくある
- ☑閉鎖する破裂音は、日本語の「っ」に似た音で発音する

練習① 語尾で破裂する破裂音

●破裂音 / p / と / b /

まずは比較的簡単な、語尾で破裂する破裂音 / p / と / b / を練習しましょう。**無声の破裂音 / p / は、両唇を使って発音**します。イラストのように「プ」の口の形をつくって、閉じた唇から急に息を吐きだしてみてください。このときに**母音の「ウ」を付けずに、息だけで発音するのがポイント**です。

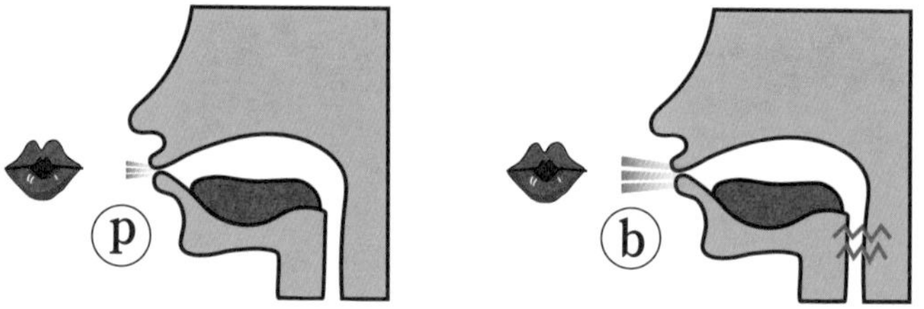

有声の破裂音 / b / も同様に両唇を使いますが、**同時に喉を震わせて発音**してください。このときに**母音の「ウ」を付けないで、息と喉の振動で発音**しましょう。次の単語の音声を聞いて、語尾の破裂音 / p / と / b / を破裂させて練習してみてください。

グループ	ノブ
group	knob

◉破裂音 / t / と / d /

日本人にとって、特に発音しづらいのが語尾の破裂音/ t / と / d /です。無声の破裂音 / t / は、**上の前歯と歯ぐきの境目に舌先を当てたまま、息を強く吐き出して発音**してください。日本人は「ト」や「トゥ」のように、母音の「オ」や「ウ」を付けてしまいがちです。**母音を付けずに、息の破裂だけで発音**しましょう。

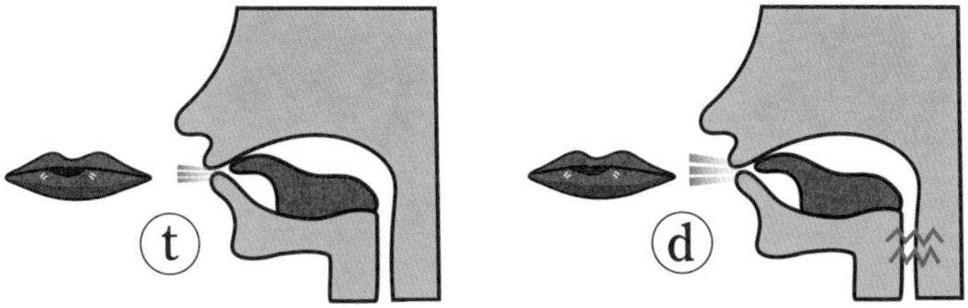

有声の破裂音 / d / は、**上の前歯と歯ぐきの境目に舌先を当てたまま、喉を震わせながら息を強く吐き出して発音**します。このときも、**「ド」や「ドゥ」のように、母音の「オ」や「ウ」を付けないで、喉の振動と息の破裂で発音**しましょう。

ディフィカゥト	ブァード
difficult	bird

◉破裂音 / k / と / g /

無声の破裂音 / k / は、口の奥側を使います。**舌の奥の方を口蓋に当てて、息を破裂させて発音**してください。このときに**母音「ウ」を付けないで、息だけで発音**するように注意しましょう。

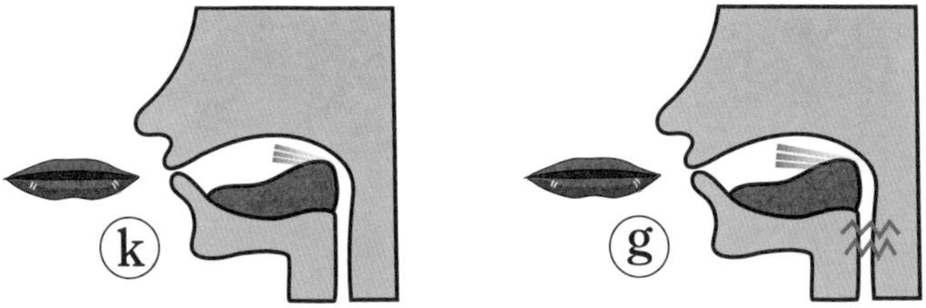

有声の破裂音 / g / も同様に、舌の奥の方を口蓋に当てて、息を破裂させて発音します。このときに**母音 / u / を付けないで、息だけで発音する**ように練習してみましょう。

デスク	エーグ
desk	egg

練習② 語尾で閉鎖する破裂音

英語の破裂音は、**語尾や文末にあると破裂しないことがよくあります。これは破裂する過程で、唇や歯、口蓋の位置が変わり、発音しようとするための「間」が残ること**で起こります。このとき**口は閉じたままになるため、破裂音の「閉鎖」**といいますが、難しく考えなくて大丈夫です。唇や舌などで息の通り道を閉じて、それぞれの破裂音を破裂させる準備をしてください。準備をするだけで「間」ができますね。**その間が、日本語の「っ」に似た音として残る**のだと考えてください。とりわけ**無声の破裂音 / p /, / t /, / k / が語尾にあると、直前の母音が急速に止まりやすくなります。**

日本人にとって一番厄介な閉鎖する破裂音が / t / と / d / です。語尾にある / t / と / d / をオ段の母音を付けて「ト」「ド」と発音してしまう人が多いのですが、**母音を付けてしまうと音節が増え、違う言葉**になってしまいます。語尾をしっかり閉鎖させて発音する練習をしましょう。

カップ	ハッ	ロック
cup	hot	rock
ショーブ	レー	ピーグ
job	red	pig

練習③ 子音の前で閉鎖する破裂音

語尾の破裂音の次に破裂音や子音で始まる単語が続くと、**最初の語尾の破裂音は破裂されません**。しかし、語尾の破裂音を発音する準備として「間」だけが「っ」のように残ります。**日本語でも「6回」を「ロッカイ」、「宅急便」を「タッキュウビン」というのと同じ現象**です。語尾や音節の最後で破裂または閉鎖する破裂音はオレンジ、破裂しない破裂音はグレーで表記しているので、意識して練習してみましょう。

hip《ヒップ》 hop《ホップ》 | toilet《トイレッ》 paper《ペイパ》 | rock《ロッ》 climbing《クライミン》

scrub《スクラッ》 brush《ブラシ》 | blood《ブラッ》 type《タイプ》 | big《ビッグ》 bang《バン》

練習④ 子音の前で閉鎖する破裂音

「laptop（＝ラップ・トップ）」や「football（＝フット・ボール）」のように、2つの単語が組み合わされ、1つの単語として使われている言葉があります。この場合、**音節の最後にある破裂音は、子音の前の破裂音と同じだと考えればOK**です。ここでは、音節の最後で閉鎖し、語尾で破裂する2つの破裂音の練習も合わせて行います。会話や歌の英語の発音に慣れてくると、**音節の最後や語尾の破裂音を閉鎖させて発音したほうが発音しやすくなります。**

laptop《ラップトップ》 | football《フッボーゥ》 | kickboard《キッボー》

subscription《サッスクリプション》 | headphone《ヘッフォウン》 | eggplant《エッグプラン》

STEP 2 Nipponglishで歌おう

練習曲① Memory ● Sarah Brightman

このフレーズで学べること ●語尾で破裂する破裂音 / t / と / d /

ミーッナーイト	ペイブマント	ランプライト
Midnight	pavement	lamplight

フィート	ウィーンド
feet	wind

POINT ブロードウェイ・ミュージカル『CATS』の劇中歌で、多くのアーティストにカバーされている曲です。最初は静かにつぶやくように歌っているので、語尾の破裂する音が聞き取りづらいかもしれませんが、中盤以降は、はっきりと語尾の破裂音を破裂させて歌っているのが分かります。特に日本人が苦手とする破裂する語尾の / t / が多く聞けます。

練習曲② Hound Dog ● Elvis Presley

このフレーズで学べること ●語尾で破裂する破裂音 / g / と / d /

ハウン ドーグ	ハイ クラースツ
hound dog	high-classed

POINT この楽曲は数々のアーティストにカバーされ、中でも有名なのが、アメリカの歌手Elvis Presley（エルヴィス・プレスリー）が1956年にリリースしたバージョンです。語尾の / g / を強めに破裂させて練習しましょう。Presleyの個性で「high - classed」の / d / は「ツ」で歌っています。英語の発音の幅として覚えておきましょう。

練習曲③ Every Breath You Take ● The Police

このフレーズで学べること ●語尾で破裂する破裂音 / k / と / p /

ブレイク	テイク	メイク	ステップ
break	take	make	step
フェイク	ステイク		
fake	stake		

POINT イギリスのロックバンドThe Police（ザ・ポリス）のアルバム『Synchronicity』（1983）に収録されている曲です。イギリスやアメリカのビルボードでも1位を獲得しました。この曲では、破裂する語尾の / k / と / p / が韻を踏む形で連続して出てきます。語尾の破裂音には、絶対に母音を付けないように意識しながら歌ってみましょう。

練習曲④ Hold My Hand ● Lady Gaga

このフレーズで学べること ●語尾や子音の前で閉鎖する破裂音

トゥーナーイ	ラス ティァ	アンダステーン
tonight	last tear	understand Ⓝ
ジャスツ	ホウ マイ ヘーン	
just	hold my hand Ⓝ	

POINT 映画『Top Gun : Maverick』のサウンドトラックに収録されている曲です。この曲には、語尾や子音の前で閉鎖する破裂音が繰り返し出てきます。標準的な日本語でも、「私は井上です」の語尾の「す」は / su / ではなく、母音が省略されて、長めの / s / で発音します。英語も同様で、特に省略されやすいのが語尾の破裂音なので、覚えておきましょう。

column 3

知っておきたい発音しないスペルの英単語

外来語が語源となる英単語の中には、語尾にある破裂音がまったく発音されないものがあります。例えば、ドイツ語やラテン語が語源とされる「bomb（＝爆弾）」や「comb（＝クシ）」などは、発音記号でも / b / がありません。また、フランス語が語源とされる「ballet（＝バレエ）」も同様に、語尾の破裂音 / t / が発音されることはありません。

こうした語尾の破裂音以外には、「listening（＝聞く）」のように、語尾が「ng」で終わる単語が挙げられます。日本語では「リスニング」のように「グ」を付けてしまいがちですが、この語尾の「ng」は / ŋ / という1つの鼻音なので、「リスニン」のように発音します。

「restaurant（＝レストラン）」や「student（＝生徒）」など、語尾が「nt」や「nd」で終わる単語は、語尾の / t /や/ d / が前にある / n / と同化するため、まったく発音されないことがあります。これは後ほど、第7章のnt同化で詳しく説明していきます。

日本人は英語のすべてのスペルを発音してしまう癖があるため、こうした英単語があることを押さえておきましょう。

発音しない文字	単語例
語尾の / **b** /	bom**b**, com**b**, thum**b**など
語尾の / **t** /	balle**t**, buffe**t**など
語尾の / **g** /	listenin**g**, son**g**など
語尾の / **t** / と / **d** /	restauran**t**, studen**t**, kin**d**, frien**d**など
語頭の / **k** /	**k**now, **k**nife, **k**neeなど

第4章

音の連結①

第4章 音の連結①

音の連結って何？

- 子音で終わる単語の次に、母音で始まる単語が来ると連結する
- 2つの音が連結すると、一塊のチャンクとして発音される
- 連結した音声は、日本語の五十音に近くなり、聞き取りやすくなる

音の連結を洋楽で見てみよう

英語の音声変化は、一定のルールに則って音が変化しているので、きちんと理解しておけば、英語のリスニングとスピーキングは飛躍的に向上していきます。さらにうれしいことに、**変化する英語の音は、日本語の五十音の構造（子音＋母音）と同じになるので、より聞き取りやすく、日本人が発音しやすい音になる**のです。まずはQRコードからYouTubeの楽曲動画にアクセスして、Taylor Swift（テイラー・スウィフト）の『Delicate』を聞いてみましょう。

Delicate ● Taylor Swift

2分33秒頃に注目して聞いてみてください。Taylor Swiftに、日本でお気に入りの温泉を聞いたら？　おすすめの温泉地を教えてくれました……（笑）

イズネ	イズニッ	イズンティッ
Isn't it?	Isn't it?	Isn't it?
Ⓝネ	Ⓝニ	ティ

連結して一塊のチャンクとして発音された「Isn't it?（＝そうでしょう？　そうよね？　そうだね？　だよね？）」は、日本語の「伊豆ね？」に聞こえますね。

音の連結とは、こうした**「Isn't」のような子音で終わる単語の次に、「it」の**

ような母音で始まる単語が来たときに、2つの音がつながって、一塊のチャンクとして発音されることです。

音の連結の仕組み

さきほど説明した「Isn't」は、以下のような流れで連結し、一番音が少なくなる形で変化しています。

❶「n't」が同化して１つの / n / となる
❷ 母音から始まる「it」の / i / と連結する
❸ 語尾の / t / の破裂が省略され「イズネ」と発音される

これ以外に想定される変化は、**同様に「n't」が同化して連結する「イズ ニッ」や、「Isn't」の語尾の / t / と「it」の / i / が連結する「イズン ティッ」など**があります。

このように、音声変化のルールが分かっていると、変化する幅も想定しやすくなります。**連結する音は日本語と同じ音の構造になるため、日本人に聞き取りやすく、さらに発音しやすい音になる**というわけです。話者にもよりますが、以下の英語のフレーズも、日本語に聞こえるような音声変化をする場合があります。

ア **ゲド**ーフ
I get off.
ド

ア **ガ**リ
I got it.
Ⓕリ

オー **ワ**ラ **ナ**イ
Oh, what a night.
Ⓕラ

「I get off.（＝降ります）」は「揚げ豆腐」、「I got it.（＝分かった）」は「あがり」、「Oh, what a night！（＝ああ、なんて夜だ！）」は「終わらない」に聞こえますね。**アンダーラインが連結している子音と母音を示し、変化した音のカナがラインの下に表記**されています。青のマークは、同じルールで音声変化している音で、この場合は第8章で詳しく説明するフラップ現象（/ t / や / d / がラ行音のように柔らかい音に変化すること）が起きています。これらの英語音声変化のルールを順番に解説していきます。

STEP 1

練習しよう

CHECK!

- ☑ **機能語は、会話や歌の中で速く弱く発音されることが多い**
- ☑ **連結は意味のチャンクで発音しながら練習する**
- ☑ **弱化して連結する / h / は聞き取りにくいので注意して練習する**

内容語と機能語の違いをおさらい

英語の文は、重要な意味を伝える「内容語」と文の形式を整える「機能語」から成り立つことは、P.20で説明しましたね。

- 内容語・・・名詞・動詞・形容詞など
- 機能語・・・冠詞・前置詞・接続詞・関係詞など

内容語は強く長く読まれ、機能語は弱く速く読まれることで、英語独特のビートのリズムがつくられています。会話や歌では、**子音で終わる単語の次に、こうした母音で始まる機能語が来ると、連結して一塊のチャンクで発音されること**がよくあります。また、これらの**速く弱く読まれる語は弱形語**とも呼ばれます。種類ごとに練習していきましょう。

練習① 冠詞の連結

冠詞とは名詞の前に付く「a, an, the」のことで、不定冠詞の「a」「an」と、定冠詞の「the」の２つに分類されます。その中で、**連結するのは母音から始まる「a」「an」だけ**です。

冠詞は、日本語にはないので使い分けに戸惑う人も多いと思います。簡単に説明すると、「そのものが数えられるか」および「そのものを特定できるか」で判断するイメージです。

- 数が数えられるもので、そのものを特定しない場合・・・「a」「an」
- 対象となる名詞を特定する場合・・・「the」

「a tomato（＝トマト）」や「an apple（＝リンゴ）」のように、**数が数えられるもので、そのものを特定しない場合は「a」「an」**を使います。その際、**子音から始まる名詞の場合は「a」、母音から始まる名詞の場合は「an」**が付きます。

一方、定冠詞の「the」は「the earth（＝地球）」や「the sun（＝太陽）」のように、**対象となる名詞を「特定できる」場合**に使われます。ここでは冠詞の「a」「an」の連結の練習をしていきましょう。

「take a chance（=1つのチャンスを得た）」は、「take」の語尾にある / e / が発音されないため、**その前の / k / が、次に続く冠詞の「a」の / a / と連結**しています。「old man（=老人）」は、母音で始まる単語なので、冠詞は「an」になります。この**冠詞の語尾の / n / と「old」の語頭の母音/ oʊ / が連結**します。冠詞の「an」は、次の母音で始まる単語と連結して発音されることが多いです。

テイカ **チ**ャンス
take a chance
カ

アノウ **メ**ン
an old man
ノ

練習② 前置詞の連結

前置詞とは、文章をつなげるときに使う言葉で、日本語でいうと「〜に」「〜の」「〜で」「〜のために」「〜の前に」などがあります。**英語では「in, at, on, of, for, about, after, as, until」などがあり、名詞や代名詞の前に置かれます。**正確なリスニングやスピーキングの際にも大切になってくるので、代表的な前置詞の使い方を見ておきましょう。

前置詞	特徴
in	物が何かの「中」に入っているイメージ 例場所や時間など 「〜の状態にある」、「〜の性質である」というように状況や状態を表す場合でも使われる
at	「〜において」などある空間の一点を指す 例時間や時刻など 目標や原因、状態などを表す場合でも使われる
on	上下左右に関係なく、面に触れている状態を表す
of	ものの起源や材料、所有・帰属などの意味を表す

「just in case（＝念のため・万が一）」のように、母音で始まる前置詞「in」の前に、子音で終わる単語がある場合は、**連結して1つのチャンクとして一息で発音**されます。同様に「at, on, of」などの母音で始まる前置詞も連結します。**英語は連結した意味の塊である、チャンクで覚えるのが1番の近道**です。

ジャスティン ケイス
just in case
ティ

ルカッ ザ ドァ
look at the door
カ

キーポン ゴーイン
keep on going
ポ

ボーソバス
both of us
ソ バ

練習③ 接続詞の連結

「単語と単語」「句と句」「節と節」をつなぎ合わせるのが接続詞です。接続詞には「and, or, until, if, after, but, for」などがあり、「bread and butter（＝パンとバター）」のように、**母音で始まる接続詞「and」の前に、子音で終わる単語があると、連結して一塊のチャンクで発音**されます。「and」は、日本語の「～と」にあたるので、「Tall and tan and young and lovely（＝背が高くて、日焼けしていて、若くて素敵）」など、いくつもの語や句をつなげることができます。連結して「Tall and = トー ラン」「tan and = タ ナン」「young and = ヤン ガン」のように、**次に子音で始まる単語が続くときは、「and」の語尾の破裂音 / d / は破裂しないことが多い**ので、聞き取るのに注意が必要です。

ブレドゥン バタ
bread and butter
ドゥ

イーブニフ ユー
even if you
ニ

ア スーナズ パスボ
as soon as possible
ナ

オナンドフ
on and off
ナ ド

練習④ 代名詞の連結

代名詞とは、人やものなど名詞の代わりとなる語で、大きく分けて3つの種類があります。

名称	例
人称代名詞	I, you, he, she, it, we など
所有代名詞	my, your, his, her, its, our など
目的格の代名詞	me, you, him, her, it, us など

これらの代名詞のうち、**母音や半母音で始まるものの前に、子音で始まる単語があると、連結して一塊のチャンクとして発音**されます。特に「when I was young（＝私が若い頃）」や「on your own（＝あなた自身で）」のように、**前の子音と、母音や半母音で始まる「I」や「your」が連結すること**がよくあります。

また「he, him, her」など /h/ で始まる代名詞は、**弱く発音されることが多いため、会話や歌では /h/ が脱落する**場合があります。例えば「told him everything（＝彼にすべてを話した）」や「tell her that（＝彼女に～と伝える）」のように /h/ が弱化し、次の母音と語尾の子音が連結して発音される形です。ただし、「and his smile（＝そして彼の笑顔）」「like you and I（＝あなたと私のように）」のように**「彼」や「あなたと私」を強調する場合は、代名詞も強く発音**されます。

when I《ナ》 was young《ウェナイ ワズ ヤン》

on y《ニョ》our o《ロ》wn《オンニョ ロウン》

told hi《ディ》m everything《トーディム エブリスィン》

tell he《ラ》r that《テラ ザッ》

and hi《ディ》s smile《アンディス スマイゥ》

like y《キュ》ou and I《ダ》《ライキュー エンダイ》

STEP 2 Nipponglishで歌おう

練習曲① Have You Never Been Mellow ● Olivia Newton-John

このフレーズで学べること ●語尾の子音と母音の連結

there was a《ゼァ ワザ》《ザ》

In a《インナ》《ナ》

like y《ライキュー》《キュ》ou

when I《ウェナイ》《ナ》

point of《ポイント》《ト》

POINT 『そよ風の誘惑』という邦題がついているこの曲は、1970年代を代表するOlivia Newton-John（オリビア・ニュートン＝ジョン）の大ヒット曲です。タイトルの『Have You Never Been Mellow』は「あなたは、力を抜いたことがないの？」と、生き急いでいる人に優しく問いかけるように歌っています。ミドルテンポで簡単な連結がいくつも出てくるので、最初に連結を学習する人におすすめです。

練習曲② Beauty and the Beast ● Ariana Grande & John Legend

このフレーズで学べること ●弱形語の連結（冠詞「a」と前置詞「as」）

Tale as《テイラズ》《ラ》

old as《オーダズ》《ダ》

Both a《ボーサ》《サ》

Ever a《エーバラ》《ラ》

Just as《ジャスタズ》《タ》

Tune as《トゥーナズ》《ナ》

Certain as《サートゥンナーズ》《ナ》

POINT 実写版『美女と野獣』のために新たにレコーディングされたバージョンです。語尾の子音の後に、弱く発音される母音で始まる機能語が続くと、連結して一息で発音されます。ゆっくりしたリズムの曲なので、語尾の子音と語頭の母音が連結して変化する音が聞き取りやすいと思います。まずはこの曲で簡単な連結をマスターしましょう。

練習曲③ Bad Day ● Daniel Powter

このフレーズで学べること ●さまざまな子音と母音の連結

ウェリズ	キッカッ	キャーリノーン
Where is	kick up	carryin' on
リ	カ	ノ

リーブサ	マージキズ	ハダ バッ ディ
leaves and	magic is	had a bad day
サ	キ	ダ

POINT Daniel Powter（ダニエル・パウター）のセカンドスタジオアルバムの収録曲です。この曲は、「思った通りにならなかったり、頑張ってもダメなときもあるさ、ただ『bad day（＝今日はついてなかっただけ）』。もうすぐ運も向いてくる」という応援ソングです。「leaves」の語尾の / z / が無声音の / s / になったり、/ s / で連結することはよくありますが、歌うときはなるべく / z / で歌うように心がけましょう。

練習曲④ Mamma Mia ● ABBA

このフレーズで学べること ●さまざまな子音と母音の連結

スィンサイ	メイダップ	アネン	ルカッ
since I	made up	an end	look at
サ	ダ	ネ	カ

POINT スウェーデンの4人グループ、ABBA（アバ）の大ヒット曲です。同題のミュージカルが世界中で上演され、また映画にもなりました。『Mamma Mia』は、イタリア語で「私のお母さん」という意味ですが、この曲では「ヤバッ！　なんてことなの」というニュアンスで使われています。自分から別れを切り出したのに、今でも彼のことが好きで後悔している気持ちが歌われています。連結している音が含まれるチャンクを一息で発音するように意識すると、リズムに遅れないで歌えます。

練習曲⑤ Party In The U.S.A. ● Miley Cyrus

このフレーズで学べること ●さまざまな子音と母音の連結

hopped off《ホップ タフ》 タ

plane at《プレイナッ》 ナ

with a《ウィザ》 ザ

Jumped in《ジャンプ ティン》 ティ

This is《ズィシズ》 シ

turned on《タン ドン》 ド

hands up《ヘーン ザップ》 ザ

Cuz all I《コ ゾーラ》 ゾ ラ

POINT アメリカの歌手、Miley Cyrus（マイリー・サイラス）のEP『The Time of Our Lives』（2009）に収録されている曲です。田舎から夢を持って都会に出てきた女の子が、不安の中、Jay-ZやBritney Spearsの歌を聞いて「これがアメリカ！」と元気になる感情が歌われています。テンポが速い曲ですが、どうしてもリズムに遅れてしまう場合、最初はグレーの弱い音を飛ばしても大丈夫です。

練習曲⑥ The Power of Love ● Huey Lewis & The News

このフレーズで学べること ●語尾の子音と母音の連結

power of love《パーワロ ラブ》 ロ

is a《イザ》 ザ

make a《メイカ》 カ

more than a《モー ザナ》 ナ

stronger and《ストローンガン》 ガ

POINT 1985年公開の大ヒット映画『Back to the Future』の主題歌で有名な曲です。「大の男を泣かせたり、歌わせたり、鷹を白い鳩に変えたりしてしまう。感情で表せない、それが愛の力なんだ」と歌われています。速いテンポで連結する音を練習するのに向いています。冒頭の「power of love」は、サビでは「パーワ ロブ ラブ」と発音されています。「ロブ」のところで時間があるため、「ブ」が聞こえていなくても、「ブ」を発音するイメージで歌いましょう。

練習曲⑦ Killing Me Softly With His Song ● Roberta Flack

このフレーズで学べること ●代名詞の連結

with hi《ズィ》s fingers《ウィ ズィス フィンガーズ》

with hi《ズィ》s words《ウィ ズィス ワーズ》

heard he《ディ》《ハー ディ》

with hi《ズィ》s song《ウィ ズィス ソーン》

with hi《ズィ》s song《ウィ ズィス ソーン》

felt he《ティ》《フェゥ ティ》

POINT 数多くのアーティストにカバーされた曲で、中でも有名なのがRoberta Flack（ロバータ・フラック）がリリースしたこのバージョンです。タイトルの『Killing Me Softly With His Song』の「killing」は「殺す」ではなく、「～を陶酔させる、～を魅了する」という意味で使われ、「彼の歌を聞きながら、私は優しい陶酔感に包まれる」と歌っています。「his」と「he」の / h / が弱化し、/ th / と / i /, / e / が連結しています。

練習曲⑧ Story of My Life ● One Direction

このフレーズで学べること ●さまざまな子音と母音の連結

same a《マ》bout us in her《シ ナ》《セイマバウラ シンナ》

take her《カ》《テイ カー》

keep her《パ》《キー パー》

give her《バ》《ギ バー》

spend her《ダ》《スペン ダー》

POINT ボーイズバンド、One Direction（ワン・ダイレクション）のスタジオアルバム『Midnight Memories』(2013)のセカンドシングルとしてリリースされた曲です。この曲は、バンドのメンバー全員が作詞に携わっていて、それぞれの視点から愛について歌っています。「her」の / h / が弱化し、それぞれの単語の / n /, / k /, / p /, / v / , / d / の部分が、/ h / の次の母音 / ə / と連結して、音が変化しています。

column 4

英語はシンプルな言語？

日本語で、帽子は「かぶる」、メガネは「かける」、服は「着る」、パンツ・靴下・靴は「はく」、アクセサリーは「つける」ですが、英語で身に付けるものはすべて「wear」で表現します。

子供たちが小さい頃、サングラスをかけてゴルフに出かける僕に、日本語で「パパ！　サングラス着てどこへ行くの？」、帽子をかぶっていた祖父には「おじいちゃん帽子着てるね！」と言っていたのを覚えています。

今では逆に僕が日本語を英語でどのように言うのか聞くことが多くなりました。「日本語の『よろしくお願いします』は、英語でどう言うの？」と娘たちに聞くと、答えは「ない！」。「『お疲れさまでした』は？」娘たち「ない！」。「『いただきます』は？」娘たち「ない！」。この他にも食べるときの擬音語「パクパク・モグモグ・ガツガツ」など、英語にはない、日本語ならではの表現がたくさんあります。

考えてみれば、日本人は漢字・ひらがな・カタカナ・ローマ字を使いこなし、尊敬語・謙譲語・丁寧語などの話し方も使いわけていますが、英語には「please」を付けて話す丁寧な言い方はあるものの、敬語はありません。シンプルな言語なので、世界の共通言語として使われているのかもしれません。

第5章

音の連結②

音の連結【応用編】

- / h / から始まる代名詞は、会話や歌では弱く発音される
- 「〜ing」は、一定のルールで / n / や / g / で連結することがある
- 3つ以上の単語が1つの意味の塊になると、連結して一息で発音される

発音されない/h/と/弱化する/h/

/ h / で始まる「hot（＝熱い）」や「hand（＝手）」の / h / は普通に発音されますが、**「hour（＝時間）」や「vehicle（＝車両）」のように、/ h / が発音されない単語もあります。**すべての文字を発音してしまいがちな日本人からすると、このような英語の現象を知っておくのは大切なポイントです。

hour《アウァ》　｜　vehicle《ヴィーコウ》

前の章でも説明したように、**/ h / から始まる代名詞の「he, him, his, her, hers」は、会話や歌では普通弱く発音されます。**この語頭の / h / は、日本人が聞き取りづらい子音の代表格ともいえるので、しっかり理解しておきましょう。「when he woke up（＝彼が起きたとき）」「take her away（＝彼女を連れさる）」のように、/ h / の前に子音で終わる単語があるときに、**/ h / が脱落して、次の母音（ここでは / iː / や / ə / ）と連結すること**があります。

when he woke up《ウェ ニ ウォー カップ》　｜　take her away《テイ カ ウェイ》

ニ　カ　｜　カ

発音されない「～ing」と連結する「～ing」

「～ ing」で終わる単語の語尾の / ŋ / は鼻音なので、**文末や次の単語が子音で始まるときに、/ g / のような破裂音が聞こえることはまれ**です。ところが「**sing a song（＝歌を歌う）」のように、「～ ing」の次に母音で始まる単語が続く場合**、以下のような発音のパターンが見られます。

①鼻音の / ŋ / で連結する	②鼻音の / n / で連結する	③ / g / で連結する
スィガ **ソ**ン	**ス**ィナ **ソ**ン	**ス**ィンガ **ソ**ン
sing a song	sing a song	sing a song
ガ	ナ	ガ

この発音は、話者やスピードによって変化するため、**「～ ing」で終わる単語は / n / と / g / の両方で連結すること**を覚えておきましょう。なお、**語尾の「ng」の発音は「ング」にはならず、「singing」なら「スィギング」、「sing us a song」なら「スィガサソン」というリズムで発音**されます。これは**「ng」が「ン」と「グ」の連続音ではなく、1つの鼻音**であるためです。

複数の単語は意味のまとまりを意識

英語の会話や歌では、**複数の単語が1つの意味をなすとき、それらが連結して一塊のチャンクで一息で発音**されます。この連結の度合いは、話者のスピードや状況により変化します。以下のように、**語尾の子音と語頭の母音の組み合わせが続く場合は、「I」以外のすべての単語を連結させて発音すること**もできます。

アイ **ハ**バナ**ポ**ーランダ**ノ**リンジ
I have an apple and an orange.
バ ナ ラ ダ ノ

アイ **ハ**ブ アナ**ポ**ー　アンダン **オ**リンジ
I have an apple　and an orange.
ナ ダ

しかし、あまり多くの単語を連結させると相手に内容が伝わりづらくなるので、**「子音＋母音＋子音＋母音」の単語が続く場合は、意味の塊を意識して発音することを心がける**といいでしょう。

STEP 1 練習しよう

＼CHECK!／

- ☑ 脱落した / h / は、/ h / の次の母音と連結することがある
- ☑「〜ing」の次に、母音始まりの単語が来るときは、発音に注意する
- ☑ 複数の単語の連結は、途中で区切らず一息で発音する

練習① 弱化する/h/

「found him honest（＝彼は正直だと分かった）」「about her interests（＝彼女の興味について）」「someone who is（＝〜な誰か）」「one who live（＝住んでいる人）」のように、**子音で終わる単語の次に、代名詞や「who」など / h / で始まる単語が来て / h / が脱落すると、/ h / の次の母音と連結すること**があります。この脱落する / h / の連結を練習しましょう。

found him honest《ファウン ディム オネスト》
ディ

about her interests《アバウタ インタレスツ》
タ

someone who is《サムワヌ イズ》
ヌ

one who live《ワヌ リブ》
ヌ

練習② 「〜ing」の連結

日本人は英語の「〜 ing 」を「イング」と発音しますが、**「ng」は / n / と / g / の2つの音ではなく、1つの / ŋ / の鼻音なので、「イン」と発音**されます。ところが、鼻音の / ŋ / は、「thingking about（＝〜について考える）」「running up（＝駆け抜ける）」「strong affection（＝強い愛情）」のように、**「〜 ing」や「ng」で終わる単語の次に、母音で始まる単語が続いて連結する場合、舌の接触**

を外した瞬間に破裂音の / g / に似た音が出ることがあるため、/ n / や / g / の両方で連結します。この「～ ing」と「ng」で終わる単語の連結を練習しましょう。

thinking about《スィンキナバウ》
ナ

thinking about《スィンキンガバウ》
ナ

running up《ラニナップ》
ナ

running up《ラニンガップ》
ガ

strong affection《ストゥロナフェクション》
ナ

strong affection《ストゥロンガフェクション》
ガ

練習③ 複数の単語の連結

子音で終わる単語の次に母音で始まる単語が来て、それらが1つの意味のチャンクをなすとき、複数の単語間で音の連結が起こります。「in honor of（～に敬意を表して）」の語頭の / h / は、さきほど解説した発音されない / h / です。これらの音は1つの塊のチャンクになっているので、途中で区切らず一息で発音してください。

some of us《サマバス》
マ　バ

come on in《カモニン》
モ　ニ

in honor of《イノーナロブ》
ノ　ロ

on account of《オナカウントブ》
ナ　ト

練習曲① Centuries ● Fall Out Boy

このフレーズで学べること ●複数の単語の連結

kids are all《キザロー》 | stories all off《ストリゾーロフ》

ザ ロ | ゾ ロ

come on and《カモーネン》 | is all it《イゾーリッ》

モ ネ | ゾ リ

POINT アメリカのロックバンド、Fall Out Boy（フォール・アウト・ボーイ）のアルバムのリードシングルとしてリリースされた曲です。語尾の子音と語頭の母音の組み合わせが続き、それらが1つの意味をなすとき、この曲で歌われているように複数の単語が連結します。連結して変化する音は、日本人にとって発音しやすい音になるので、一塊のチャンクごとに発音と意味を覚えていきましょう。

練習曲② My Happy Ending ● Avril Lavigne

このフレーズで学べること ●「～ing」の発音

pretending《プリテンディン》 | ending《エンディン》 | acting《アクティン》 | making《メイキン》

POINT カナダのシンガーソングライター、Avril Lavigne（アヴリル・ラヴィーン）の2枚目のスタジオアルバム『Under My Skin』（2004）に収録され、アメリカを含む他の7カ国でトップ10に入った曲です。タイトルとは裏腹に、彼に対する嫌味や愚痴が歌われています。これまで解説してきたように「～ing」は「～イング」ではなく、「ng」が鼻音 / ŋ / なので、/ g / は発音しません。連続して出てくる「～ing」を聞いて確認してみましょう。

練習曲③ Basket Case ● Green Day

このフレーズで学べること ●「～ing」の連結

ナースィ ネン ネブリスィン ゴー ラー

nothing and everything all at

ネ (N)ネ ゴ ラ

キープ サディー ナップ

keeps adding up

サ ナ

クラキーン ナップ

cracking up

ナ

POINT アメリカのロックバンド、Green Day（グリーン・デイ）の曲です。当時、ボーカルのBillie Joe Armstrong（ビリー・ジョー・アームストロング）はパニック障害を患っており、その中で感じた苦しみや行き場のない感情、無力感と向き合う苦悩と不安が歌われています。この曲には / n / と / g / の両方で連結する音が続けて出てきます。話者やスピードによる連結のバリエーションを練習しましょう。

練習曲④ Sing ● Carpenters

このフレーズで学べること ●連結しない「～ing」と連結する「～ing」の音声変化

スィーン

Sing

スィン ガー ソーン

sing a song

ガ

スィン ガウ

sing out

ガ

ストゥローン

strong

スィン ガ ローン

sing along

ガ

スィーン ゴブ

Sing of

ゴ

POINT テレビ番組『セサミストリート』の挿入歌として発表された楽曲をカバーし、1973年にリリースされました。ボーカルのKaren（カレン）は、「sing a song」を / ŋ / で連結して歌っていますね。一方、連結しない「sing」は鼻音で歌っています。「strong, long, along」の語尾の「ng」も、連結するときはたいてい / ŋ / か破裂音の / g / で連結します。

練習曲⑤ I Knew You Were Trouble ● Taylor Swift

このフレーズで学べること ●/ h /の連結

and he's long《アン ニズ ローン》
Ⓝニ

when he's《ウェン ニズ》
ニ

when he《ウェン ニ》
ニ

POINT タイトルの通り、出会ったときから「trouble(＝面倒・迷惑・厄介)」な人だと気付いていたのに、恋に落ちてしまったことを後悔する元恋人への感情が歌われています。Taylor(テイラー)は「and」の / n / + / d /が同化した / n / と、「when」の / n / を発音した後に、その / n / と、続く「he's」「he」の / h / が脱落した次の母音を連結させて歌っています。このように連結する音を発音してから、その音と連結するパターンもあることを覚えておきましょう。

練習曲⑥ Wake Me Up ● Avicii

このフレーズで学べること ●複数の単語の連結

caught up in a《コー ラッ ピー ナ》
Ⓕラ ピ ナ

don't open up《ドン ノウペ ナッ》
Ⓝノ ナ

wiser and I'm older《ワイザー レー ナー モーダー》
レ Ⓝナ モ

POINT この曲は、今は亡きAvicii(アヴィーチー)のデビュースタジオアルバム『True』(2013)に収録されています。誰かに夢にとらわれていると言われ、「人生に迷って、現実を見ることなく過ぎていってもいい、大人になったときに『Wake me up(＝起こしてよ)』」という若者の葛藤が歌われています。複数の単語が連結する場合、この後の章で解説するフラップや同化して連結する音が含まれることがあります。チャンクを意識して一息で歌う練習をしましょう。

練習曲⑦ no tears left to cry ● Ariana Grande

このフレーズで学べること ●「〜ing」の連結

ピキニラップ
picking it up
ニ Ⓕ ラ

ラビナム
loving I'm
ナ

リビナム
living I'm
ナ

POINT Ariana Grande（アリアナ・グランデ）の4枚目のアルバム『Sweetener』（2018）に収録された曲です。タイトルの『no tears left to cry』は、「泣くための涙は残っていない」または「涙は枯れたわ」という意味で、2017年に彼女のコンサートで起きた爆破テロなどに対して「愛して、生きて」「再び立ち直る」という気持ちが歌われています。「〜ing」の連結におけるパターンの違いを意識しながら、発音の練習をしましょう。

練習曲⑧ Blinding Lights ● The Weekend

このフレーズで学べること ●複数の単語の連結

ルッカラウンデン
look around and
カ デ

コーデンネンプティー
cold and empty
デ Ⓝ ネ

ランニンガウラ
running out of
ガ Ⓕ ラ

ローデノーバドゥライブ
road in overdrive
デ ノ

POINT タイトルの通り「Blinding Lights（＝まばゆい光）」を放っていた彼女と別れたものの、「君がいないとこの世は冷たくて空っぽだ、君のところへ行って、今度は決して君を離さない」という男心が歌われています。ここで紹介するフレーズにも、フラップや同化して連結する音が含まれています。どのフレーズも2つ以上ストレスがあるので、ストレスがある大きなカナを「強く・高く・長く・ハッキリ」歌うのがコツです。グレーのカナは弱く発音してください。

column 5

「ホイッスル」はネイティブには通じない？

2010年に南アフリカで開催された、サッカーワールドカップ日本代表の試合をテレビで見ていたときの出来事です。日本がリードされたままロスタイムが終了すると、アナウンサーが「ここで、ホ・イッ・ス・ルー！」と大きな声で叫びました。

一卵性双生児の双子にはよくあることですが、2人の娘がまったく同じタイミングで振り返り、僕に向かって「ホイッスルって何？」と、同じ声のトーンで、真顔で聞いてきました。

「何言っているの？　ホイッスルが分からないの？」とびっくり。当たり前に使っているカタカナ語なので、当然娘たちも知っていると思っていたのですが、本当に知らないようです。

「ホイッスルは、最後の笛のことだよ」と伝えると、「Oh! whistleね！」。英語じゃ「ホイッスル」じゃない「ウィ ソー」だよと言われました。カタカナ語のホイッスルは、英語では「whis・tle」の2音節で発音するのですね……誰がカタカナをふったのでしょうか？

ネイティブの英語の発音をカタカナで表したこの「ウィ ソー」こそが、Nipponglishのカナ記号そのものとなっています。

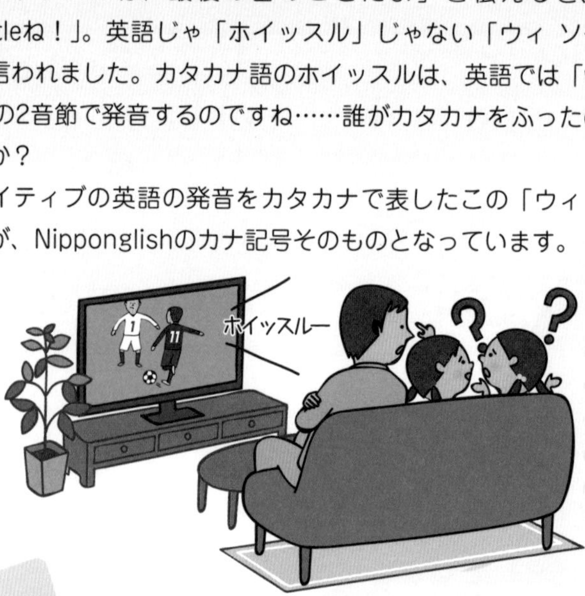

第6章

融合同化

第6章 融合同化

融合同化って何？

●隣り合った両方の音が発音しやすいように別の音に変化すること
●語尾が / t / や / d /, / s / や / z / で終わる単語の次に、半母音の / j / で始まる単語が続く場合に起こる

隣り合う音が変化する「同化」

英語では、**隣り合った単語の音同士が発音しやすいように変化することがあり、これを「同化」**と呼びます。第3章では「big game」など、語尾と語頭の子音が同じ場合に、最初の子音が発音されないことがあると説明しました。これも**2つの同じ子音が1つの子音として発音されるため、同化の一つ**といえます。

また、「want you」をゆっくりと「ワント ユー」からスピードを上げながら発音していくと、「ワントュー」になり、自然と「ワン チュー」に変化していくと思います。同様に「would you」もスピードを上げて発音していくと、「ウッド ユー」から「ウッドュー」になり、最後には「ウ ヂュー」と変わりますね。

ワン チュ	ウ ヂュ
want you	would you
Y チュ	Y ヂュ

この現象は、**語尾の破裂音の / t / と / d / の後に、半母音の / j / で始まる「you」や「your」などが続く**と起こります。発音記号で表記すると、

- want you → / t / + / j / = / tʃ /
- would you → / d / + / j / = / dʒ /

となり、それぞれの単語が結合して、/ tʃ /と/ dʒ / という違う音に変化しているのが分かりますね。このように隣り合った両方の音が合わさって、どちらの音でもない新しい発音に変化する現象を「融合同化」といいます。

語尾が /s/ や /z/ のときにも起こる

この融合同化は「miss you」や「as you」のように、**語尾が / s / や / z / で終わる単語の次に、半母音の / j / で始まる「you」や「your」が続く場合**にも起こります。

「I miss you（＝さみしい）」は「アイ ミス ユー」で発音されることも多いですが、早く発音していくと「アイ ミスュー」となり、さらに早く発音すると「アイ ミッ シュー」になります。

アイ　ミッ シュー

I miss you.

Ⓨ シュ

発音記号上では / s / と / j / が融合同化して / ʃ / となっています。

「as you」も「アズ ユー」から「アズュー」になり、最後は「アジュー」に変わります。発音記号で表記すると / z / + / j / = / ʒ / となり、/ ʃ /と/ ʒ /の違う音に変化しているので、これも融合同化です。

どの国でも**話し言葉は、発音しやすいように短くなっていく傾向がある**ため、こうした音声変化が起こると考えられます。

昔、「だっちゅーの！」というギャグがはやりましたが、この語源は「〜だって言うの」の「言うの」が「ゆーの」になり「だっちゅーの」に変化したもので、**英語の / d / + / j / の融合同化と同じような音声変化の現象**が起こっていると考えられます。「何て言うか」が「なんちゅうか」になるのも同様です。

また、日本語でもそれぞれに意味を持つ漢字が組み合わさると、同化して音が変化するものがたくさんあります。例えば、長い靴は、「長靴 ＝ ナガグツ」、山のお寺は、「山寺 ＝ ヤマデラ」、人と人は、「人々 ＝ ヒトビト」のように、**後ろの語頭が清音から濁音に変わりますね**。これは、無声音だった日本語の子音 / k /, / t /, / h / が、母音に挟まれて / g /, / d /, / b / のように有声化したもので、同化の一種といえます。

他にも「乾杯 ＝ カンパイ」の「ハイ」は「ン」の後の「ハ」が「パ」になり、「一杯 ＝ イッパイ」「三杯 ＝ サンバイ」は「ハ」が「パ」や「バ」に変わります。しかし、「四杯 ＝ ヨンハイ」は、「ン」の後の「ハ」が変化しません。

こうした**日本語の変化と同じく、英語も話しやすいように音が変わる**のです。

STEP 1 練習しよう

\CHECK!/

- ☑ 語尾が / t / や / d / で、半母音の / j / で始まる単語が続くとき、「チュ」や「ヂュ」のような別の音に変化させて発音する
- ☑ 語尾が / s / や / z / で、半母音の / j / で始まる単語が続くとき、「シュ」や「ジュ」のような別の音に変化させて発音する

練習① /t/, /d/ ＋ /j/ の融合同化

「don't you know（＝知りませんか）」「what you mean（＝どういう意味）」「need your help（＝あなたの助けが必要）」「hold your breath（＝息を止めて）」など、**/ t / や / d / で終わる単語の次に、半母音の / j / で始まる単語が来るときに、「チュ」や「ヂュ」といった別の音に変化**します。/ t / と / d / が融合して、**どちらの音でもない第3の音に変化するので「融合同化」**と呼ばれるというわけです。

日常的な会話では相手がいるので、「you, your, yourself」といった相手を指す単語は必ず出てきます。そもそも、**英語の動詞は過去形も含めて「t」や「d」で終わるものが多く、その目的語として後ろに「you」や「your」が来ることが多いため**、この融合同化も頻繁に起こります。

don't you know《ドンチュ ノウ》
Ⓨ チュ

what you mean《ワッチュ ミーン》
Ⓨ チュ

need your help《ニーヂョ ヘゥプ》
Ⓨ ヂョ

hold your breath《ホーヂョ ブレス》
Ⓨ ヂョ

live without you《リブ ウィザウチュ》
Ⓨ チュ

did you know《ディヂュ ノウ》
Ⓨ ヂュ

練習② /s/, /z/ ＋ /j/ の融合同化

「I miss you（＝さみしい）」「makes you happy（＝あなたを幸せにする）」「as you know（＝あなたが知っているように）」「lose yourself（＝没頭する）」のように、**/ s / や / z / で終わる単語の次に、半母音の / j / が来たときも、同様に別の音に融合同化して連結**します。

通常の連結は、音が変化しないで連結するのに対し、**/ t /, / d / と / s /, / z / は、半母音の / j / と融合同化し、別の音になって連結する**のだと覚えましょう。日本語でも親しい人と話すときは**「どうしようもない」が「どうしょもない」になるように、短く、速く発音できる表現**を使います。英語も同じで、**会話の中での「you, your, yourself」は、前に子音があると、連結して発音されることが当たり前**になっています。

I miss you.《アイ ミッシュー》
Ⓨ シュ

makes you happy《メイクシュ ハピ》
Ⓨ シュ

as you know《アジュ ノウ》
Ⓨ ジュ

lose yourself《ルージョセゥフ》
Ⓨ ジョ

プラスワンポイント

半母音 / j / の連結

その他の子音で終わる単語の場合も、それらが1つの意味のチャンクをなすとき、半母音 / j / と連結して一息で発音されます。ただしこの場合、融合同化のように新たな音に変化するのではなく、2つの単語が単純に連結して発音されています。英語の会話や歌で、半母音で始まる「you, your, yourself」は前の子音と連結して発音されることが多いので、練習しておきましょう。

I beg you《アイ ベギュ》
ギュ

help yourself《ヘゥピョセゥフ》
ピョ

STEP 2 Nipponglishで歌おう

練習曲① We Will Rock You ● Queen

このフレーズで学べること ●語尾の子音と半母音 / j / の連結

マ ドー ニョ	キキ ニョー	ロッ キュー
mud on your	Kickin' your	rock you
ニョ	ニョ	キュ
ブラ ドー ニョ	ウェイビ ニョー	メィ キュ
blood on your	Wavin' your	make you
ド　ニョ	ニョ	キュ

POINT 1977年にリリースされたQueen（クイーン）の代表曲の一つで、「俺たち（=Queen）が、お前らを奮い立たせて（=Rock）やるぜ！」と歌っています。「Rock You = ロッ キュー」のように、語尾の子音に、半母音 / j / から始まる単語が続くと、連結して日本語の拗音「キャ、キュ、キョ、チャ、チュ、チョ、シャ、シュ、ショ」のような音に変化します。

練習曲② When I'm Gone ● Alesso, Katy Perry

このフレーズで学べること ●語尾の子音と半母音 / j / の連結

ゴー ニュー	スィン キュ	ローン ギュー
gone You	think you're	long you'll
ニュ	キュ	ギュ
スティ リン ニョ	タッ チュー	ジャスティン ニョ
still in your	Touch you	just in your
リ　ニョ	チュ	ティ　ニョ

POINT スウェーデンのDJ Alesso（アレッソ）とアメリカの歌手Katy Perry（ケイティ・ペリー）によるシングル曲で、2021年にリリースされました。破局した後も強気な女性、ウーマンズパワーがメインテーマで、「私はもうあなたの前にはいない！だけど、あなたは私のことが忘れられないでしょう！」というニュアンスで歌われています。頻出する「you」や「your」を聞き取り発音する練習をしましょう。

練習曲③ I Want You Back ● Jackson 5

このフレーズで学べること ●融合同化 / t /, / d / + / j /

had you《ハッ ヂュ》
Ⓨ ヂュ

want you《ウォン チュ》
Ⓨ チュ

made you《メイ ヂュ》
Ⓨ ヂュ

picked you《ピク チュ》
Ⓨ チュ

let you go《レッ チュ ゴー》
Ⓨ チュ

street you《ストゥリー チュ》
Ⓨ チュ

POINT アメリカの兄弟バンド、Jackson 5（ジャクソン 5）の初の全国発売シングルで、最初のヒット曲です。リードボーカルは、後のスーパースター Michael Jackson（マイケル・ジャクソン）で、別れた恋人への切ない気持ちが歌われています。 / t /, / d / と半母音 / j / が融合同化して連結し、「ヂュ」や「チュ」といった音に変化していることを意識しながら発音してみましょう。

練習曲④ Girlfriend ● Avril Lavigne

このフレーズで学べること ●融合同化 / t /, / d / + / j /

want you《ワン チュ》
Ⓨ チュ

think about you《スィン カ バウ チュ》
Ⓨ チュ

don't you《ドン チュ》
Ⓨ チュ

that you《ザッ チュ》
Ⓨ チュ

and you《アン ヂュ》
Ⓨ ヂュ

POINT スタジオアルバム『The Best Damn Thing』（2007）に収録され、世界中で大ヒットしました。「あなたの彼女より私の方があなたにふさわしいんじゃない？」と、大胆な女性像が歌われています。子音と母音、子音と半母音の組み合わせで、複数の単語が連結して一塊のチャンクで発音されることがあります。 / t /, / d / + / j / の融合同化は、英語の会話や歌では多く出てくるのでしっかり学習しましょう。

練習曲⑤ Turn Around And Count 2 Ten ● Dead or Alive

このフレーズで学べること ●融合同化 / s /, / z / + / j /

ラブ ジュー	ライク シュ	ジャスタ ジュ
loves you	likes you	just as you
Ⓨ ジュ	Ⓨ シュ	タ Ⓨ ジュ

POINT 気持ちが離れている恋人になんとかよりを戻してもらおうと、「あっちを向いて10数えて考えてくれ！（＝Turn Around and Count 2 Ten）」と必死に呼びかける男性の心境が歌われています。「likes you」や「as you」のように / s / や / z / の後に半母音 / j / で始まる単語が続くと、連結して別の音に変化する融合同化が起こります。/ s /+/ j / = / ʃ /, / z / + / j / = / ʒ / となった場合、「シャ、シュ、ショ、ジャ、ジュ、ジョ」のような別の音に変化させて発音しましょう。

練習曲⑥ Suddenly I See ● KT Tunstall

このフレーズで学べること ●融合同化 / s /, / z / + / j /

メイク シュ	ホー ジュ
makes you	holds you
Ⓨ シュ	Ⓨ ジュ

POINT スコットランドのシンガーソングライター、KT Tunstall（ケイティ・タンストール）のデビューアルバム『Eye to the Telescope』（2004）に収録されています。美しい聡明な女性に憧れていた女の子が「自分もこんな風になりたい」と突然自分の夢に気づく、光り輝く女性を応援する歌です。/ s / + / j / = / ʃ /, / z / + / j / = / ʒ / の音声変化が同じ楽曲内で聞けるので、音の違いを聞き取り発音する練習をしてください。

練習曲⑦ Separate Ways (Worlds Apart) ● Journey

このフレーズで学べること ●融合同化しない連結

ファイン ドュー
find you
ドュ

バイン ドュー
bind you
ドュ

リマイン ドュー
remind you
ドュ

POINT 「僕と君は別々の道(=Separate Ways)を行くけど、僕は君をずっと愛してるから、僕を忘れないで」という男性の気持ちが歌われています。この曲は、上記のような融合同化しない連結の後に、融合同化する「hurts you」「desert you」などが出てきます。なお、「ドュ」は日本語でいうカタカナの「デュエット」の「デュ」に近いので、「デュ」で発音してもOKです。

練習曲⑧ STAY ● The Kid LAROI , Justin Bieber

このフレーズで学べること ●さまざまな融合同化

トー ヂュ
told you
Ⓨ ヂュ

グー ダ ジュ
good as you
ダ Ⓨ ジュ

ニー ヂュ
need you
Ⓨ ヂュ

ミッ シュ
miss you
Ⓨ シュ

コ ジュ
'Cause you
Ⓨ ジュ

ウィザウ チュ
without you
Ⓨ チュ

POINT 何度も同じ過ちを繰り返してしまう男性が、その度に彼女に許しを請う内容が歌われています。この曲には、たくさんの融合同化する音が出てきます。テンポが速く難易度が高い曲で、/ t /, / d /, / s /, / z / の融合同化する音を聞き取る練習をしてみましょう。音にずれないで歌えれば、ネイティブライクな融合同化の音が発音できている証拠になります。何度も練習してクリアしましょう!

column 6

「Yes」と「No」の判断は慎重に

英語の「Yes」は、カジュアルな言い方で「Yeah = イェー」や「Ya = ヤー」があります。そのため日本語で「いいえ」と答えると「Yes」に聞こえてしまうこともあるので、もし英語ネイティブに日本語で質問されたときは、注意しましょう。

また、英語を話し慣れていないと、質問に対してつい反射的に「Yes」や「No」と言ってしまうことがあるのではないでしょうか。次のような否定形の英語で聞かれたときは、日本語の「はい」と「いいえ」の答えが英語と異なるため、注意が必要です。

日本語で「あなたは歌うのが嫌い？」と聞かれたら、好きであれば「いいえ」、嫌いであれば「はい」と答えますね。次のような英語の否定形で同じ意味の質問をされたとき、

Don't you like to sing ?
You don't like to sing, do you ?
You don't like to sing ?

英語では、自分が肯定ならすべて「Yes」、自分が否定ならすべて「No」と日本語の答えと逆になります。英語の質問に対しては、常に自分を中心にして答える癖を付けましょう。

第7章

nt同化

第7章 nt同化

nt同化って何？

- / n / の後に / t /, / d /, / th / が続くと、同化し1つの / n / になることがある
- nt同化の後に母音や半母音で始まる単語が続くと、/ n / で連結する
- 単語内や単語間でもnt同化が起こる

nt同化の仕組み

隣り合った音同士が発音しやすいように変化する「同化」について、前章ではその中の「融合同化」を学習しました。ここからは、Nipponglishで「nt同化」と呼んでいる同化について説明していきます。

nt同化とは、**/ n / の後に / t /, / d /, / th / が続き、/ n / + / t /, / n / + / d /, / n / + / th / の形になると、同化して1つの / n / として発音されること**です。

ウォ ナ スィー

want to see

N ナ

「ウォント トゥ」ではなく、同化して別の音「ウォナ」に変化しているのが分かりますね。また、「ワナ」に聞こえることもあります。

nt同化は単語の間や単語内、単語の末尾などで発生します。次からNipponglishのカナ記号を付けた楽曲タイトルを例に見ていきましょう。

楽曲のタイトルに用いられる「nt同化」

Billie Eilish（ビリー・アイリッシュ）が歌う『everything i wanted』の「wanted」は、**単語内で同化させて**歌われています。

また、Queen（クイーン）の楽曲『I Want It All』では、「Want」の後ろに母音で始まる「It」が来ていますね。そうすると**「Want」と「It」が同化して連結し、一息で発音**されます。そして続けて「It All」をフラップさせて歌っています。それにより / t / が連結して「ラ行音」に変化していますが、フラップについては次の章で詳しく解説していきます。

エブリスィン ガイ ウォネッ

everything i wanted

ガ Ⓝネ

アイ ウォ ニ ロー

I want it all

Ⓝニ Ⓕロ

Ariana Grande & John Legend（アリアナ・グランデ & ジョン・レジェンド）による『Beauty and the Beast』の「and」は、**次に子音が続くため同化して、/ n / ＋ / d / が1つの / n /** で歌われています。次の「the」は、会話では普通弱く発音されますが、強調したい場合は強く発音されます。この曲では「Beast」を強調して発音していますが、ここでは通常の発音で表記しています。

ビューリー エン ザ ビースト

Beauty and the beast

Ⓕリ Ⓝ

Deep Purple（ディープ・パープル）の大ヒット曲『Smoke On The Water』は、タイトルがサビで繰り返し以下のように歌われています。「On The」は、**単語間で / n / ＋ / th / になるので、同化して「オン ナ」**になります。冠詞の「the」は、会話や歌では弱く発音されるため、**/ th / は前の子音の影響を受けて音が変化すること**が多くあります。

スモーク オン ナ ウォーター

Smoke on the water

Ⓝナ

STEP 1 練習しよう

\CHECK!/

- ☑ nt同化する音は1つの / n / として発音する
- ☑ nt同化すると「ナ行」の音に変化することが多い
- ☑ nt同化して連結するか、融合同化して発音されるかは話者による

練習① 単語間で起こるnt同化

まずは単語と単語の間で起こるnt同化を練習しましょう。「born to be（＝〜になるために生まれた）」は、**「born to」が単語間で / n / + / t / の形になるため、同化して「to = ナ」に変化**します。

また、「want to touch（＝〜に触りたい）」は、まず**「want」の語尾の「nt」が同化して / n / になり、次の「to」の / t / も同化して「ナ」**になっています。「want to」は省略して「wanna」と発音されることもあります。

ボー　ヌ　ビー
born to be
Ⓝヌ

ウォ　ナ　タッチ
want to touch
Ⓝナ

こうした / n / で終わる単語や、「want」「mind」のように語尾の / n / + / t /, / n / + / d / が同化して1つの / n / で発音される単語の次に、**/ t /, / d /, / th / で始まる単語が続くと、それらが一つの / n / として発音されることがあります。**「pretend to be（＝〜のふりをする）」や「around to around（＝前後に）」は、**「pretend」「around」の語尾の「nd」が同化して / n / になり、次の「to」の / t / とも同化して「ナ」という音に変化**しています。

プリテ　ヌ　ビー
pretend to be
Ⓝヌ

アラウ　ヌ　アラウン
around to around
Ⓝヌ

次の「in the morning（＝午前中に）」は、**「in the」が / n / + / th / の組み合わせになるため、同化して「ナ」の音**になります。「climbing the mountain（＝山に登る）」では、「climbing」の「ing」は / n / に近い鼻音です。この鼻音と「the」が同化して、「ナ」に発音されることがあります。

イ ナ **モ**ーニン	クラ**ラ**イミ ナ **マ**ウンー
in the morning	climbing the mountain
Ⓝナ	Ⓝナ

練習② 単語内のnt同化

単語内で / n / + / t /, / n / + / d /, / n / + / th / の形になったときも、nt同化が起こり、1つの / n / に変化して発音されます。

「international（＝国際的な）」と「internet（＝インターネット）」は、**単語内で / n / + / t / になるため、同化して1つの / n /** になります。そして次の曖昧母音（ストレスがなく弱く発音される母音）と弱い音節をつくるため、発音が「ナ」に変化しているのです。

イナ**ナ**ショノ	**イ**ナ**ネ**ッ
international	internet
Ⓝナ	Ⓝナ

単語内のnt同化は、ストレスがない弱い音節のみで起こります。例えば「wanted（＝～を求む）」や「feinted（＝フェイントをかける）」など、**1音節かつ / nt / で終わる動詞が過去形になり「ed」が付くと、/ nt / が同化して発音される**ことがあります。

フェイネ	**ウ**ォネ
feinted	wanted
Ⓝネ	Ⓝネ

「kinda（＝kind of、ちょっと〜な感じ）」は、**/ n / ＋ / d / が同化して1つの / n / として発音され、次の母音/ ə / が連結し「カイナ」と発音**されます。「twenty（＝20）」も同様に、**語尾の / i / が同化した / n / ＋ / t / と弱音節をつくって「ニ」**となります。

カイナ	トウェニ
kinda	twenty
Ⓝナ	Ⓝニ

単語間や単語内で起こるnt同化は、国や地域、話者のスピードにもよりますが、アメリカ人が話す英語で頻繁に起こります。

練習③ nt同化して連結する音声変化

語尾でnt同化が起こり、次に母音で始まる単語が続くと、次の語頭の母音が連結して一塊のチャンクで発音されます。

「I don't want it（＝いらない）」は**「want」の / n / ＋ / t / が同化して、次の「it」と連結することで、「ニ」や「ネ」と発音**されます。文末の / t / は、話者のスピードによって破裂することも、閉鎖することもありますが、今回は閉鎖して表記しています。

「and if you（＝そしてもしあなたが）」は、**「and」の / n / ＋ / d / が同化して、次の「if」と連結して「ニ」で発音**されます。「and」は「アン」や「エン」のように語尾の / d / を破裂させずに発音されることが多く、**「if」のように次に母音で始まる単語が続くと、/ n / や / d / で連結**します。会話でよく出てくる「and I」は、「アナイ・エナイ・アナ・エナ・エンダイ・アンダイ」などで発音されるので、バリエーションを押さえておきましょう。

アイ ドン ウォ ニッ	ア ニフ ユ
I don't want it.	and if you
Ⓝ Ⓝニ	Ⓝニ

「count your blessings（＝あなたの祝福を数える）」は、**「count」の / n / + / t / がnt同化して、次の半母音から始まる「your」と連結**します。nt同化しないで、代わりに語尾の / t / と / j / が融合同化し、「カウン チョ」で発音されることもあるので、覚えておきましょう。

「find your way（＝あなたの道を見つける）」は、**「find」の / n / + / d / がnt同化して、次の半母音から始まる「your」と連結**しています。これも同じく、nt同化せずに語尾の / d / と / j / が融合同化して、「ファイン ヂョ」で発音されることもあります。

カウ ニョ ブレスィンズ

count your blessings

Ⓝ ニョ

ファイ ニョ ウェイ

find your way

Ⓝ ニョ

「want your advice（＝あなたのアドバイスが欲しい）」も**「want」の語尾のnt同化により、次の「your」と連結**しています。これも同様に、融合同化して「ワンチョ」と発音する場合があります。「remind you that（＝～を思い出してください）」は、/ n / + / d / が同化して連結しますが、このとき**「remind」の / n / + / d / が同化して1つの / n / になり、次の「you」と連結**し、以下のように発音されることがあります。

ワン ニョ アドヴァイス

want your advice

Ⓝ ニョ

リマイン ニュ ザッ

remind you that

Ⓝ ニュ

このようにnt同化して連結する場合もあれば、融合同化して連結する場合もあるので、/ n / + / t /, / n / + / d / で終わる単語の連結は、2通りあることを覚えておきましょう。ただし否定形の「can't」や「don't」の次に「you」や「your」が来たときは、**語尾の / t / と / j / が融合同化して「キャンチュー」「ドンチュー」となるのが普通で、nt 同化して連結することはまれ**です。

STEP 2 Nipponglishで歌おう

練習曲① Honesty ● Billy Joel

このフレーズで学べること ● / n / + / t /, / n / + / d / の同化

ファイナ　ラーバー
find a lover
Ⓝナ

ファイナ　フレン
find a friend
Ⓝナ

ウォ ナスク
won't ask
Ⓝナ

POINT 「恋人や友達、安定さえも、誠実さ(=Honesty)に比べれば簡単に手に入る。誠実さを見つけるのがどれだけ大変で、失われているか」という嘆きが歌われています。 / n / + / d / が同化して連結する「find a = ファイ ナ」が連続して出てきます。 / n / + / d / で終わる単語は、「find a = ファイン ダ」のように / d / でも連結するので、どちらの変化も聞き取れるようにしておきましょう。

練習曲② All I Want For Christmas Is You ● Mariah Carey

このフレーズで学べること ● / n / + / t /, / n / + / d / の同化

アイ　ウォー ナスク
I won't ask
Ⓝナ

アイ　ウォ ニーブン
I won't even
Ⓝニ

エナーイ
And I
Ⓝナ

ウォン
want
Ⓝ

ウォー ナ
want a
Ⓝナ

POINT Mariah Carey(マライア・キャリー)のスタジオアルバム『Merry Christmas』(1994)に収録され、クリスマスシーズンの定番曲になりました。この曲には、/ n / + / t /, / n / + / d / で同化して連結する音以外にも、単語内でnt同化する「Santa = サーナ」や、単語間でnt同化する「And the = エ ナ」などnt同化して変化する音がたくさん出てくるので、1曲通して歌えるように練習しましょう。

練習曲③ I Only Want To Be With You ● Bay City Rollers

このフレーズで学べること ●単語間のnt同化

アイ オンリ ウォ ナ
I only want to
Ⓝナ

アイ ワ ナ
I want to
Ⓝナ

POINT スコットランドのポップロックバンド、Bay City Rollers（ベイ・シティ・ローラーズ）のアルバム『Dedication』（1976）に収録されている曲です。「want to」は、会話や歌で頻繁に出てきます。上記のように、nt同化する「want to」の2つの発音「ウォナ」と「ワナ」を覚えておきましょう。なお「want to」の同化した音をそのままつづりにした「wanna」も洋楽の歌詞ではよく見かけますね。

練習曲④ Born This Way ● Lady Gaga

このフレーズで学べること ●単語間のnt同化

ボー ナ サヴァイブ
born to survive
Ⓝナ

アイモン ナ
I'm on the
モ Ⓝナ

ボーン ニス ウェイ
born this way
Ⓝニ

POINT 「人が生まれ持った『肉体・環境・精神・人種・性』は個性だから、自分の個性を否定しないで生きよう」というメッセージが込められています。「born this ＝ ボーン ニス」のようにnt同化して音が変化する場合、/ n / の音が残ることもよくあります。例えば連結する「and I ＝ エナイ」や、単語間の「in that ＝ イン ナッ」などが、会話や歌ではよく出てくるので、たくさん聞いて覚えましょう。

練習曲⑤ What Do You Mean? ● Justin Bieber

このフレーズで学べること ●単語内や単語間のnt同化

trying《トゥライ》 to《ヌ》 catch《キャッチ》
Ⓝ ヌ

don't《ドン》
Ⓝ

trying《トゥライ》 to《ヌ》 compromise《カンプロマイズ》
Ⓝ ヌ

won't《ウォン》
Ⓝ

POINT 4枚目のスタジオアルバム『Purpose』(2015)に収録され、リードシングルとしてリリースされました。タイトルの通り、行動と態度がちぐはぐな相手に対して、「どういう意味なの？（＝What Do You Mean？）」と問いかける歌詞が印象的です。音の連結の「～ing」の部分で解説したように、/ ŋ / は鼻音なので、次に / t /, / d /, / th / が続くと、nt同化と同じような音声変化をします。

練習曲⑥ 22 ● Taylor Swift

このフレーズで学べること ●単語内のnt同化

twenty《ツウェニ》 two《トゥー》
Ⓝ ニ

You《ユ》 don't《ドン》 know《ノー》
Ⓝ

confused《コンフューズ》 and《タン》 lonely《ローンリ》
タ Ⓝ

won't《ウォン》 be《ビ》 sleeping《スリーピーン》
Ⓝ

POINT 4枚目のスタジオアルバム『RED』(2012)に収録されている曲です。彼女はこの曲について、「友達と過ごした夏について書きたくて『私たちは20代、何も分かってないけど、最高なの！』って歌っているのよ」と語っています。サビで何度も出てくる数字の「twenty」は、アメリカやカナダではnt同化して発音されることが多いので、20番台の数は「ツウェニ」や「トゥエニ」と同化させて発音してみましょう。

練習曲⑦ Happier Than Ever ● Billie Eilish

このフレーズで学べること ●単語内や単語間のnt同化

interviews《イナヴューズ》
Ⓝナ

weren't aware《ワーナウェー》
Ⓝナ

it wasn't true《イル ワズン トゥルー》
Ⓕル Ⓝ

listen to your《リスン ヌ ヨー》
Ⓝヌ

internet《イーナネッ》
Ⓝナ

POINT 歌詞には「あなたはやると言ったことと反対のことをやるのね、だから私はもっと怖くなる。ベンツの中で酔っ払って、また電話してきたのね。あなたは、友達の言うことしか聞かないんだもん」といった内容が含まれ、当時交際していた相手にあてたものだといわれています。語るように発音される「interviews」と、激しく歌われる「internet」の、単語内で同化する音を中心に、発音する練習をしましょう。

練習曲⑧ Santa Claus Is Coming To Town ● Jackson 5

このフレーズで学べること ●単語内や単語間のnt同化

Santa Claus《サナ クロース》
Ⓝナ

Coming to town《カミ ヌ タウン》
Ⓝヌ

naughty and nice《ノーリ エン ナイス》
Ⓝ

and little toy《エン リロ トイ》
Ⓝ Ⓕロ

POINT クリスマスの定番曲で、タイトルの通り「サンタが街にやってくる。サンタさんは、君が何をしているかいつも見ているから、いい子にしようね！」と歌われています。他のアメリカやカナダのアーティストのクリスマスソングでも、「Santa Claus」は、単語中でnt同化して歌われることが一般的です。単語内で同化する音と、単語間で同化する音を歌って覚えましょう。

column 7

公共の場所でお酒が飲めるのは日本ならでは？

日本には公園や観光地など、公共の場でお酒を飲むことを全国的に禁止する法律はありませんが、海外の多くの国では、公共の場所での飲酒は法的に禁止されています。イランなどイスラム教の国では飲酒自体が禁止され、サウジアラビアやアラブ首長国連邦は、外国人に対して一定の許可を与えていますが、規制が厳しいです。

アメリカも同様で、バーやレストランでお酒を飲むとき、スーパーでお酒を購入するときなどに、写真付きIDの提示を求められることがあります。そのため、旅行の際はパスポートや免許証といった身分証明書を持ち歩くようにしましょう。

ちなみに、ハワイのレストランや飲食店でお酒を出すには、リカーライセンスの取得が必須で、毎年更新なのでお金もかかります。21歳未満のお客さんにお酒を出したことが後から分かった場合でも、店に罰金が課されます。このような事情があるので、ハワイのレストランや飲食店は、あえてお酒の持ち込みを許可している店が多くあります。持ち込み可の店には「Bring Your Own Bottle」の頭文字をとって「BYOB」と看板に書いてあるところがあるので、チェックしてみるといいでしょう。

第8章

悪魔のT①

第8章 悪魔のT①

悪魔のTって何？

●/ t / は語頭、語中、語尾、単語間でさまざまな音に変化する
●単語内で、/ t / や / d /が母音に挟まれるとフラップ（弾音化）する
●単語間で、/ t / や / d /が母音に挟まれるとフラップ（弾音化）する

日本人にとって難しい子音 /t/

すべてのスペルを発音する癖がある日本人にとって、**一番厄介な子音 / t /, / d /（/ d / は、/ t / と同じ音声変化をします）を、Nipponglishでは「悪魔のT」**と呼んでいます。というのも、無声の破裂音 / t / は、現れる位置により以下のような音声変化が起こることがあるからです。

●強勢があると強く破裂
●語尾や子音の前では閉鎖のみ
●母音で始まる単語が続くと / t / やラ行音で連結
●半母音 / j / で始まる単語が続くと融合同化
●語中や語尾で / n / + / t /, / n / + / d /, / n / + / th / が続くと nt 同化し、母音が続くと / n / で連結

無声の破裂音/t/と有声の破裂音/d/

日本人は、「テスト、ストレート、テキスト、キャット」「ベッド、バード、トレンド、サード」などの、語尾にある / t /, / d / に母音を付けて発音しています。ところが、英語の「test, straight, text, cat」「bed, bird, trend, third」の**語尾にある / t /, / d / を破裂させる場合は、すでに解説したように、子音だけを発音**します。**特に / t / は声帯を振動させないで息だけで破裂し、/ d / は声帯を振動させながら破裂**します。また **/ t /, / d / は、文末や音節の最後にある場合や文中で次に子音が続くときに、閉鎖したり、まったく破裂しないこと**があります。

連結や同化して変化する /t/, /d/

「spent on you（＝あなたに費やした）」「sound of silence（＝沈黙の音）」のように、**/ t /, / d / で終わる単語の後に、母音で始まる単語が続くと連結します**。このとき、**連結した音はタ行やダ行のカナの音になり、日本人が発音しやすくなります**。

スペントン　ユー
spent on you
ト

サウンドブ　サイレンス
sound of silence
ド

さらに、「can't you see（＝見えないの？）」「made you happy（＝あなたを幸せにした）」のように、**半母音 / j / で始まる単語が続くと、融合同化して連結すること**も学習しました。

キャンチュ　スィー
can't you see
Ⓨチュ

メイヂュ　ハピ
made you happy
Ⓨヂュ

また「just moment（＝ほんの一瞬）」「good friend（＝仲良し）」のように、**語尾が / n / ＋ / t /, / n / ＋ / d / になると、nt同化して1つの / n / で発音**されたり、「moment of truth（＝真実の瞬間）」「friend of mine（＝私の友達）」のように、**同化して連結**もします。

ジャス　モウメン
just moment
Ⓝ

フレノブ　マイン
friend of mine
Ⓝノ

これだけでも、/ t /, / d / が、歌や会話の中でさまざまな変化を見せることが分かると思います。さらに / t /, / d / は、単語の中や単語の間で母音に挟まれると、フラップ現象を起こし、**発音がラ行音に変化したり、フラップして連結もする**のです。フラップする / t /, / d / は、次で詳しく練習していきましょう。

STEP 1 練習しよう

＼CHECK!／

- ☑ フラップして連結するときは、ラ行音に変化させて発音する
- ☑「to」は、単語間でフラップすることが多くある
- ☑ 同化、連結、弱化、フラップなど複数の音声変化が合わさることもある

練習① 連結してフラップする /t/, /d/

「not at all（＝まったくない）」「get out of（＝抜け出す）」「get into it（＝集中する）」のように、連結してフラップする / t /, / d / を練習しましょう。例えば「not at all」では、**「not」の語尾にある破裂音 / t / の前後が母音に挟まれる形になると、/ t / が柔らかく有声化して、/ d / の音やラ行音に変化（＝フラップ）**します。フラップとは舌を叩きつけて発音することで、弾音化とも呼ばれます。

not at all《ナラロー》	get out of《ゲラウロブ》	get into it《ゲリントゥ イッ》
Ⓕラ Ⓕロ	Ⓕラ Ⓕロ	Ⓕリ

また「made of steel（＝スチール製）」「would it be（＝～でしょうか）」のように、**/ d / も単語間で母音に挟まれる形になると、同様にラ行音に変化**します。**「made」の / e / は発音されない「サイレントe」のため、語尾は/ d /** です。**「side, hide, grade」などの単語も同様に / d / が語尾**となります。サイレントeを知っていれば、フラップする / d / の聞き取りと発音が簡単にできますね。

made of steel《メイロブ スティーゥ》	would it be《ウリ ビー》
Ⓕロ	Ⓕリ

また「shout it out（＝叫ぶ）」は「shout」の語尾 / t /と「it」の語尾 / t /の前後を母音で挟まれていますね。このように音が連結した結果、**単語間で / t / と / d / が母音に挟まれる形が続くと、連続してフラップが起こります。**フラップする / t / と / d / の前の母音はオレンジで表記しています。

シャウリラウ	スプレリラウ
shout it out	spread it out
Ⓕリ Ⓕラ	Ⓕリ Ⓕラ

フラップして連結し、ラ行音に変化した音は、日本語のラ行の音と同じなので、日本人にとってむしろ発音しやすい音になっています。

練習② 単語内でフラップする /t/, /d/

フラップは単語間だけでなく、単語内でも起こります。例えば「beauty（＝美しい）」や「ready（＝準備）」のように、**単語内で / t /, / d / の前後が母音に挟まれる形になると、/ t / はフラップしてラ行音に変化**します。

ベラ	ゲリン	コンプリケイレッ
better	getting	complicated
Ⓕラ	Ⓕリ	Ⓕレ

ウェリン	フェイリン	ブリーリン
wedding	fading	breeding
Ⓕリ	Ⓕリ	Ⓕリ

ビューリ	フォーリ	レリ
beauty	forty	ready
Ⓕリ	Ⓕリ	Ⓕリ

練習③ 単語間でフラップする /t/, /d/

「got to go（＝行かなければならない）」のように、**単語間で / t / が母音に挟まれる形になると、/ t / はフラップしてラ行音に変化**します。**「to」は、単語間でフラップすることが多くある**ので、特に注意して聞き取る練習をしましょう。

「want you to know（＝知ってほしい）」の場合は、**融合同化して連結した「want you」の「to」の母音に / t / が挟まれるのでフラップ**します。このように複数の音声変化が続くこともあります。

パワ ル ビー

power to be

F ル

トゥライ ラ ゲス

try to guess

F ラ

ゴ ル ゴー

go to go

F ル

ウォンチュ ル ノウ

want you to know

Y チュ　F ル

また「mad at me（＝私に怒っている）」「said and done（＝なんだかんだ言っても）」のように、**/ d / も単語間で母音に挟まれる形になると、フラップしてラ行音に変化**します。

この2つの例は、語尾が / d / なので、フラップすることがひと目で分かります。しかし**「made」「ride」「pride」など語尾に発音されない「サイレントe」が付いている単語もフラップする**ので、注意が必要です。自分が発音できた音は、自然と記憶に留めることができるので、何度も練習して覚えていきましょう。

マラッ ミー

mad at me

F ラ

セラン ダン

said and done

F ラ　N

練習④ /h/ の脱落によるフラップ

代名詞の「he, his, him, her」などの / h / は、会話や歌では、普通弱く発音されます。これらの**代名詞の前に子音で終わる単語があるときに、/ h / が脱落すると、次の母音と前の子音が連結すること**は学習しましたね。

「but he's always（＝でも彼はいつも）」「beat him up（＝彼を殴る）」「Don't cheat her（＝彼女をだまさないで）」「I called her（＝彼女に電話した）」のように、**語尾にある破裂音 / t /, / d / の直前に母音があり、次に続く「him, her, he's」の / h / が脱落すると、/ h / の次の母音が連結してフラップ**します。「but he's always」を例に挙げると、以下のような流れで音声変化が起こっています。

❶「but」の / t / の前に母音 / ʌ / がある
❷「but」のすぐ次に来る代名詞「he」の / h / が弱化または脱落する
❸「but」の / t / と「he's」の / iː / が連結して / t / がフラップし、ラ行音の発音に変化

破裂したりしなかったりする破裂音、語尾の子音と語頭の母音や半母音の連結、融合同化、nt同化、フラップ現象などの音声変化が組み合わさって、発音されていることが分かりますね。どのような音声変化が起こっているのか確認しながら、/ h / の脱落によるフラップを練習していきましょう。

バリズ オーウェイズ
but he's always
Ⓕリ

ビーリマップ
beat him up
Ⓕリ マ

ドン チーラ
Don't cheat her.
Ⓝ Ⓕラ

アイ コーラー
I called her.
Ⓕラ

STEP 2 Nipponglishで歌おう

練習曲① One Thing ● One Direction

このフレーズで学べること ●連結してフラップする / t /

notice at all《ノーティサーロー》
サ Ⓕロ

going out of《ゴーイナウロブ》
ナ Ⓕロ

get out《ゲラウ》
Ⓕラ

out of my head《アウロマヘー》
Ⓕロ

what it is《ワリリーズ》
ⒻリⒻリ

POINT One Directionのデビューアルバム『Up All Night』(2011)に収録されている曲です。「One Thing」が何を指しているのか歌詞にはありませんが、「もう自分の頭から出て行ってくれないか」と思うほど、好きで仕方ない恋心が歌われていることから想像してください。彼らはイギリスのボーイズバンドですが、/ t / のフラップがイギリスでも普通に話されることが分かります。

練習曲② What About Us ● P!NK

このフレーズで学べること ●連結してフラップする / t / と / d /

What about us《ワラバウラース》
Ⓕラ Ⓕラ

What about all《ワラバウロー》
Ⓕラ Ⓕロ

ended in《エンディリン》
Ⓕリ

What about love《ワラバウラーブ》
Ⓕラ

What about trust《ワラバウトゥラース》
Ⓕラ

POINT 7枚目のスタジオアルバム『Beautiful Trauma』(2017)に収録されています。この曲は、当時のアメリカ政権が、いくつかの国や国内外の人間に対して強硬姿勢を取っていることを批判しつつ、国民がどう向き合うべきか「What about us?(=私たちはどうするの?)」と歌っています。「What about」から始まる、フラップする / t / の音声変化を続けて聞くことができる曲です。

練習曲③ Hey Jude ● The Beatles

このフレーズで学べること ●連結してフラップする / t /

get her《ゲーラー》
Ⓕラ

better《ベーラー》
Ⓕラ

let her into《レラーリントゥ》
Ⓕラ リ

let it out and《レリラウラン》
ⒻリⒻラ Ⓕラ Ⓝ

let it in《レリリン》
ⒻリⒻリ

POINT Paul McCartney（ポール・マッカートニー）が作曲し、1968年にリリースされました。当時離婚騒動の最中にいたJohn Lennon（ジョン・レノン）と、息子のJulian（ジュリアン）を励ます曲で、タイトルのJudeはJulianのことです。前に / t / があるときに「her」の / h / が弱化して、/ t / が母音に挟まれるため、連結してフラップしています。聞き取りにくいですが、チャンクとして発音しましょう。

練習曲④ Chasing Pavements ● Adele

このフレーズで学べること ●フラップする / d / とフラップしない / d /

made up《メイダップ》
ダ

should I《シューラ》
Ⓕラ

would it《ウーディッ》
ディ

POINT 「自分が進みたい道があるけど、それを諦めた方がいいのか、それとも追い求めた方がいいのか」という、当時19歳のAdele（アデル）の葛藤が歌われた曲です。「Should I」のように / d / が母音に挟まれる形になると、/ d / は連結してフラップします。話者やスピードによっては、この曲の最初に出てくる「made up」や「would it」のように、/ d / が母音に挟まれてもフラップしないで連結することがあります。特にイギリス人のAdeleにとっては一般的といえるでしょう。

練習曲⑤ Who Says ● Selena Gomez & the Scene

このフレーズで学べること ●連結してフラップする / t /
●単語内でフラップする / t /

ビューリー	ガーレブリ	プリリ	ハーレン
beauty	got every	pretty	hurting
Ⓕリ	Ⓕレ	Ⓕリ	Ⓕレ

POINT Selena Gomez & the Scene（セレーナ・ゴメス&ザ・シーン）のアルバム『When the Sun Goes Down』（2011）のリードシングルです。「今のままじゃダメだとか、そのままじゃ値打ちがないとか、どこの誰が言ってるの（＝Who Says）」と歌いつつ、「自分もあなたも輝ける」という励ましが込められています。単語内でフラップする「beauty」や「pretty」といった単語がたくさん出てくるので、意識して歌ってみましょう。

練習曲⑥ Moves Like Jagger ft. Christina Aguilera ● Maroon 5

このフレーズで学べること ●単語間でフラップする / t /

ニール	トゥライラ	ハウル
need to	try to	how to
Ⓕル	Ⓕラ	Ⓕル

POINT Maroon 5（マルーン 5）の3枚目のスタジオアルバム『Hands All Over』（2010）に収録されている曲です。「I don't need to try to ～」の「need to」は、/ d / と / t / が続き、語尾の / d / が省略され、/ t / が母音に挟まれる形でフラップしています。また、「try to」では、語尾の母音と「to」の母音に挟まれた / t / が、フラップして発音されています。登場する位置によって変化するフラップを練習しましょう。

練習曲⑦ Part of Your World ● Jodi Benson

このフレーズで学べること ●さまざまなフラップ

she's got everthing《シズ ガレブリスィン》

Ⓕレ

what do you《ワ ル ユ》

Ⓕル

part of that world《パーロブ ザッ ウァーゥ》

Ⓕロ

What would I give《ワッ ウライ ギブ》

Ⓕラ

out of《アウロ》

Ⓕロ

daughters《ドーラーズ》

Ⓕラ

Ready to stand《レディー ラ スターン》

Ⓕラ Ⓝ

Ready to know《レディー ル ノー》

Ⓕル

POINT 長編アニメーション映画『The Little Mermaid』の主題歌です。人魚姫のアリエルを演じた、アメリカの女優で歌手のJodi Benson（ジョディ・ベンソン）が、王子のいる陸の世界を夢見て切々と歌います。ちなみに原作であるアンデルセンの『人魚姫』の舞台は、北ヨーロッパの海でしたが、映画ではカニのセバスチャンはカリブ訛りの英語で、アリエルは生粋のアメリカ英語を話しています。この曲には「悪魔のT」で学習してきた、連結・単語内・単語間のフラップがすべて出てきます。それ以外に、これまで学習してきた英語音声変化もバランス良く聞くことができます。ゆっくりとしたバラードで、難易度は高くないため、これまでの学習をおさらいするのにぴったりの曲です。歌詞の意味も考えながら、どういったルールで音声変化しているのか確認して練習してください。

column 8

意外と知らない和製英語

英語だと思って日常的に使っている単語の中には、実はネイティブには通じない、いわゆる「和製英語」があります。和製英語の語源にはいくつかのパターンがあり、まずはじめが、既存の英単語を日本独自で省略しているパターンです。

例えば「エアコン ＝ air conditioner」や「コンビニ ＝ convenience store」「スーパー ＝ supermarket」などです。これらの単語は、英語圏では省略することはありません。英語で会話する際は、省略せずに発音するようにしましょう。

また、商品名などが種類の名称として定着するパターンもあります。例えば「ホチキス」で、英語では「stapler」といいます。

これは、1903年頃に日本が輸入した「stapler」がE・H・HOTCHKISS社（E・H・ホチキス社）製のもので、製品にも「HOTCHKISS」と記載があったことから、和製英語として広まったとされています。

和製英語	実際に使われる英語
ノートパソコン	laptop
バイク	motorcycle, motorbike
マフラー	scarf
サラリーマン	office worker
アルバイト（バイト）	part-time workerなど
タレント	TV starまたはactor（＝俳優）, singer（＝歌手）など特定の職業を示す単語
コンセント	outlet（アメリカ英語）, socket（イギリス英語）
電子レンジ	microwave
ホチキス	stapler
パーカー	hoodie
チャック	zipper

第9章

悪魔のT②

悪魔のT【応用編】

- **/ l / や / n / の前に現れる / t / は、さまざまな音に変化する**
- **/ t / ＋ / r / や / d / ＋ / r / は、2つの子音が1つの子音として発音される**

会話や文の中で変化する /n/＋/t/, /n/＋/d/

第7章「nt同化」では、**/ t / や / d / は、/ n / ＋ / t /, / n / ＋ / d / になると同化して、1つの / n / として発音されること**を学習してきました。また、前章の「悪魔のT①」では、**/ t / や / d / は母音に挟まれるとフラップし、ラ行音で発音されること**を説明しましたね。

この応用編で改めて、/ t / や / d / の音声変化をマスターできているか確認していきましょう。「I'm going to get her a gift（＝私は彼女にプレゼントをあげるつもりです）」というセンテンスを例に見ていきます。この中の「to get her」が「together（＝一緒に）」になったという説がありますが、実際の語源は違うようです。

英単語をネイティブライクに発音する条件は、第1章で詳しく説明しました。英語の固有名詞や地名をネイティブに伝えるためには、**英単語の音節と同じ音節数で、ストレスのある母音を意識し、強弱のリズム感で発音することが大切**です。

この「together」は、以下のように**「トゥゲザー」や「トゥギャザー」といった、3つの音節「to・geth・er」で発音**されます。ストレスがある音節と弱い音節に目印を付けて表記すると分かりやすいですね。

トゥ**ゲ**ザー
together

トゥ**ギャ**ザー
together

同じ単語でも前後の組み合わせで発音が変わる

「together」の前に「get（＝得る）」が入り、「get together（＝団結する）」になると、**「get」の語尾の / t / と「together」の / t / が重なるため、最初の「get」の / t / は破裂しません。**すると**「together」の語頭の / t / が母音に挟まれる形になるので、フラップして発音されること**があります。

ゲ　ルゲザー
get together
Ⓕル

> 破裂音は語尾や音節の最後、子音の前にあると発音しないことがあると学習しましたね。

また、「together」の前に「getting（＝取得）」が入り「getting together（＝一緒になって）」となると、**「getting」の語尾の鼻音と「together」の語頭の / t / がnt同化**して、以下のように発音されることがあります。

ゲリ　ヌゲラー
getting together
Ⓕリ　Ⓝヌ　Ⓕラ

> 「getting」の語尾は/ ŋ / なので、「together」の語頭の / t / とnt同化しています。

さらに、「getting together」の後に「tonight（＝今夜）」が続き、「getting together tonight（＝今夜、集合）」になると、**「together」の語尾の母音と「tonight」の語頭の / t / が母音に挟まれる形になる**ので、フラップして、以下のように発音されることがあります。

ゲリ　ヌゲラー　ルナイ
getting together tonight
Ⓕリ　Ⓝヌ　Ⓕラ　Ⓕル

> 「tonight」の / t / はフラップして、「ル」に変化しています。語尾の無声の破裂音 / t / は、破裂されないことが多くあります。

そしてこれから新しく学習するのが、第2章でも出てきた「ダークL」です。**ダークLは母音のように暗く発音される**ため、/ t / と / l / の組み合わせにより、**/ t / が母音に挟まれたのと同じ状況になり、フラップ現象が起こります。**もう1つは、/ t / や / d / と同化する / n / です。この **/ n / が / t / ＋ 母音 ＋ / n / の形になると違う音に変化**します。さらに、**/ t / ＋ / r / は、子音連結と呼ばれ、1つの子音として発音**されます。この次でしっかり練習していきましょう。

STEP 1 練習しよう

\ CHECK! /

- ☑「ダークL」の前の / t / は、フラップして「ロ」や「ル」に近い音になる
- ☑ / t / ＋ 母音 ＋ / n / の組み合わせは、鼻腔破裂「ンー」として発音する
- ☑ / t / ＋ / r / は子音結合となり、1つの子音「チュ」として発音する

練習① /l/ の前にある /t/

「little」のように**語頭にある子音 / l / は 、明るくはっきりと発音されるため「ライトL」**と呼ばれます。一方、**音節の中や語尾にある / l / は、暗く「オ」や「ウ」のような母音に似た音で発音されるため、「ダークL」**と呼ばれています。つまり **/ l / は、語頭では子音として発音され、音節の中や語尾では母音と同じ影響を与える子音**なのです。

「little」の語尾にあるダークLの前に / t / が現れると、**/ t / が母音に挟まれたのと同じ形になるため、フラップして「リロ」と発音**されます。もちろんフラップしないで「リトー」、フラップして「リル」など、**話者やスピードによりさまざまな音で発音**されます。

リロ	リトー	リル
little	little	little
Ⓕ ロ		Ⓕ ロ

「bottle（＝ボトル）」「that'll（＝that will）」「Seattle（＝シアトル）」も、同様にフラップして発音される単語です。

「loudly（＝大声で）」の / d / は、後ろの / l / の発音の際、舌の側面を破裂させる「側面開放」という方法で発音されるため、英語上級者の人はトライしてみてください。ここからは、これまで学習してきた音声変化のおさらいと合わせて、センテンスで練習していきましょう。

あのかわいいボトルを見て

ルカ **ザ**ッ プ**リ**リ **リ**ロ **ボ**ロ

Look at that pretty little bottle.

カ Ⓕリ Ⓕロ Ⓕロ

それはシアトルでつくるでしょう

ザロ **メ**イキン スィ**ア**ロ

That'll make in Seattle.

Ⓕロ キ Ⓕロ

最近かなり疲れている

アイム プ**リ**リ **タ**イァ **レ**イリー

I'm pretty tired lately.

Ⓕリ

友好的なリマインダー

ジャスタ フ**レ**ンリ リ**マ**インダー

just a friendly reminder

タ Ⓕリ

練習② /n/の前にある/t/

「Manhattan（＝マンハッタン）」「mountain（＝山）」「written（＝書いた）」のように、スペルが / t / ＋ 母音 ＋ / n / になり、母音が省略され / t / ＋ / n / の形になると、**/ t / は口腔内の閉鎖を維持しながら鼻腔へ空気が開放され、弱い鼻音として発音**されます。**この現象を「鼻腔破裂」**といいます。鼻づまりのときに、鼻をクンクンさせる感じです。

また「hidden（＝隠れた）」「suddenly（＝突然）」のように、/ d / ＋ 母音 ＋ / n / の形で、**母音が省略され / d / ＋ / n / になる場合も、同様に鼻腔破裂が起こります。**これらも同様に、センテンスで練習しながら、他の音声変化と併せて発音できているか確認してみましょう。

ニューヨーク市のマンハッタン

マンハッン ニン　ニュー　ヨーク　スィリ

Manhattan in New York city

ニ　Ⓕリ

雪に覆われた山

マウッンー　キャップティン　スノウ

mountain capped in snow

ティ

傷跡に書かれた

リッンニン　ナ　スカーズ

written in the scars

ニ　Ⓝナ

あの場所に隠されている

ヒッンニン　ナッ　プレイス

hidden in that place

ニ　Ⓝナ

突然素晴らしいアイデアを思いつく

サッンリ　ゲラ　ブライライディア

suddenly get a bright idea

Ⓕラ　Ⓕラ

練習③ 1つの音で発音される /t/＋/r/

「try（＝やってみる）」や「trend（＝傾向）」などの /t/＋/r/ は、**2つの子音が1つの子音として発音される子音結合と呼ばれ、「チュ」のような1つの音として発音**します。**/t/ と /r/ の間に母音を入れて「トライ」や「トレンド」にならないようにしましょう。**

「dreaming（＝夢）」「drive（＝運転）」「dress（＝ドレス）」の / d / ＋ / r / も、子音結合の音です。/ dr / は「ドゥ」や「ヂュ」でも原音に近い発音ができます。なお、/ tr / は「トゥ」になっていますが、「チュ」と発音してもOKです。

理解しようとする

トゥ**ラ**イ　ラ　**ア**ンダス**タ**ン

try to understand

Ⓕラ　Ⓝ

雇用動向

トゥ**レ**ニ ネンプ**ロ**イメン

trend in employment

Ⓝニ　ネ　Ⓝ

まっすぐ行く

ゴー　ル　ストゥ**レ**イ

go to straight

Ⓕル

君に夢中

ドゥ**リ**ーミナ**バ**ウ チュ

dreaming about you

ナ　Ⓨチュ

車でマンハッタンへ

ドゥ**ラ**イビ **ニ**ントゥ　マン**ハ**ンー

driving into Manhattan

ニ

なんて素敵なドレス

ワ ラ　プ**リ**リ **グ**ッ ドゥ**レ**ス

What a pretty good dress.

Ⓕラ　Ⓕリ

STEP 2 Nipponglishで歌おう

練習曲① Title ● Meghan Trainor

このフレーズで学べること ● / l / の前にある / t / のフラップ
●単語間や単語内でフラップする / t /

ガラ ギビラップ	リル	ネイキリン ニョ
gotta give it up	little	naked in your
Ⓕラ ビⒻラ	Ⓕル	Ⓕリ ニョ

タイロ	イフ イレイン
title	If it ain't
Ⓕロ	Ⓕレ Ⓝ

POINT Meghan Trainor（メーガン・トレイナー）の同名のデビューEP（エクステンデッド・プレイ）に収録された曲です。「都合よく遊ばれている女から、ちゃんと彼女にしてほしい」という女心が歌われています。この曲では「little ＝ リル」で歌われていますが、話者やスピードによっては「リロ・リトゥ・リトー」などで発音されます。この幅を聞き取れるように練習しましょう。

練習曲② Cotton Fields ● Creedence Clearwater Revival

このフレーズで学べること ● / n / の前にある / t / の鼻腔破裂
●単語間や単語内でフラップする / t /

ジャスタバウラ	カトゥン	ラトゥン	リロ	ビリ
just about a	cotton	rotten	little	bitty
タ Ⓕラ			Ⓕロ	Ⓕリ

POINT 「僕が赤ん坊の頃、ママがゆりかごを揺らしてくれた。古い綿畑の懐かしい故郷、ルイジアナ方面へ南下してテクサーカナからちょうど1マイル」と故郷の風景が歌われています。「cotton」や「rotten」のように / t / ＋ 母音 ＋ / n / になり、母音が省略され / t / ＋ / n / の形になると、鼻腔破裂によって弱い鼻音として発音されます。鼻づまりのときに、鼻をクンクンさせる感じで発音してみてください。

練習曲③ Last Christmas ● Wham!

このフレーズで学べること ● / n / の前にある / t / のフラップ
●単語間でフラップする / t /

bitten《ビルン》 | wrapped it up and《ラップティ ラップン》

Ⓕル | ティⒻラ プ Ⓝ

But if you《バリフ ユ》 | you gave it away《ユ ゲイビラウェイ》

Ⓕリ | ビⒻラ

POINT クリスマスシーズンになると世界中で流れる定番曲です。「去年のクリスマス(＝Last Christmas)に告白するも、すぐに断られ、1年たっても忘れられない」という心境が歌われています。鼻腔破裂の形 / t / ＋ 母音 ＋ / n / で、前に母音があると / t / が母音に挟まれフラップします。鼻腔破裂するかフラップするかは、話者やスピードによって異なるので、両方の音を覚えておきましょう。

練習曲④ Into You ● Ariana Grande

このフレーズで学べること ● / n / の後にある / t / のフラップ
●単語間や単語内でフラップする / t /

into you《インドゥ ユー》 | what you started《ワッチュ スターリッ》

ドゥ | Ⓨチュ Ⓕリ

waiting and waiting《ウェイリナン ウェイリン》 | for you to《フォ ユー ル》 | Got everyone《ガレブリワン》

Ⓕリ ナ Ⓝ Ⓕリ | Ⓕル | Ⓕレ

POINT 3枚目のスタジオアルバム『Dangerous Woman』(2016)に収録されている曲です。「息もできないほど、夢中になっている人がいる(＝Into you)」という思いが歌われています。/ n / の次に / t / が来ると、通常はnt同化が起こりますが、この曲では「into」のように/ t / が母音に挟まれて有声化し、/ d / で発音されています。このフラップは、/ n / が母音のような音のため起こる音声変化です。

練習曲⑤ Rock Me ● One Direction

このフレーズで学べること ●単語間や単語内でフラップする / t /

stared at the sea《ステーラッ タ スィー》
Ⓕラ

whispered I will always《ウィスパ ライ ウィ ローウェイズ》
Ⓕラ ロ

want you to《ウォン チュ ドゥー》
Ⓨチュ ドゥ

heavy metal《ヘービ メーロ》
Ⓕロ

better alone《ベーラ アローン》
Ⓕラ

POINT セカンドアルバム『Take Me Home』に収録され、2012年にアルバムのプロモーションシングルとしてリリースされました。「2009年の夏を覚えてる？　毎晩あの頃に戻りたくなる。誰か僕をときめかせてくれ（＝Rock Me）」と別れた恋人を忘れられない思いが歌われています。「you to」のように、単語間で / t / が母音に挟まれると / t / がフラップする現象が起きます。

練習曲⑥ Try Everything ● Shakira

このフレーズで学べること ●1つの音で発音される / t / + / r /

just start again《ジャ スターラゲン》
Ⓕラ

hitting the ground《ヒリン ザ グラウン》
Ⓕリ Ⓝ

get up now《ゲラッ ナウ》
Ⓕラ

try everything《トゥライ エブリスィーン》

did our best《ディラ ベースツ》
Ⓕラ

POINT 2016年公開のアニメーション映画『Zootopia』の主題歌で、コロンビアの歌手Shakira（シャキーラ）が歌っています。「諦めないでいこう、少しずつ進めばいい」と、失敗しても何度も挑戦するウサギの新米警官ジュディーの気持ちが歌われています。 / t / + / r / は子音結合なので、素早く「チュライ」や「ツライ」と発音しましょう。「トライ」のように母音を入れて音節を増やさないよう注意しましょう。

練習曲⑦ Another One Bites The Dust ● Queen

このフレーズで学べること ● / h / が脱落してフラップする / t /
● / h / 脱落して単語間で連結

beat him《ビ リム》
Ⓕリ

cheat him《チ リム》
Ⓕリ

treat him《トゥリ リム》
Ⓕリ

leave him《リー ビム》
リ

when he's《ウェ ニズ》
ニ

POINT QueenのベーシストJohn Deacon（ジョン・ディーコン）が書いた曲で、1980年のアルバム『The Game』に収録されています。タイトルは「人が銃で撃たれて、地面に倒れ、顔が砂まみれになり、砂を噛んでいる」という、生きるか死ぬかの崖っぷちの状態で、「また1人倒れた」と歌われています。脱落する / h / の前にある / t / がフラップする音が連続して出てくるので、しっかり聞き取りましょう。

練習曲⑧ My Sharona ● The Knack

このフレーズで学べること ●単語内のフラップとフラップの連結

little《リロ》
Ⓕロ

pretty《プリリ》
Ⓕリ

motor《モウラ》
Ⓕラ

give it up《ギビラップ》
ビⒻラ

get it up《ゲリラップ》
ⒻリⒻラ

POINT 一目ぼれしたSharona（シャローナ）という女性に、「いつになったら僕に時間をくれるんだ、僕の思いは決して止まらない、絶対諦めない、もうちょっとそばに来て！」という思いが歌われています。「pretty」のように単語内で母音に挟まれてフラップする / t / と、「get it up」のように連結してフラップする / t / を意識して、この曲の独特なリズムに乗せて歌ってみましょう。

column 9

海外のスーパーで試食してみよう

日本では、試食ができるのはスーパーなどに設けてある試食コーナーに限りますが、アメリカやカナダではだいたいどの商品も味見してから買うことができます。試食をしたいときは「Can I try this?」や「Can I taste this?」と尋ねてみてください。

そしてもしハワイへ行くことがあったら、ぜひ食べてもらいたいのが「POKE（＝ポキまたはポケ）」です。マグロやサーモンなどの新鮮な魚介類をぶつ切りにして、野菜や海藻と一緒に醤油やごま油などであえたもので、ハワイのソウルフードとして親しまれています。スーパーマーケットでは、色々な味の「POKE」が量り売りされています。

アメリカなどの量り売りの単位は「g（＝グラム）」や「lb（＝パウンド、ポンド）」です。「1 pound ＝ 約454g」なので、ポンドで買うときは、「half a pound」や「1/4 pound ＝ quarter pound」で、好きな量を注文してください。グラムは「Can I have a two hundred grams of garlic poke?」などで注文できます。

第10章

短縮形

第10章 短縮形

短縮形って何？

- 主語や疑問詞と、be動詞や助動詞が1つに短縮された表現
- 助動詞と「not」や「have」が1つに短縮された表現
- 短縮形になると、元の表現から発音が変化する

英語の短縮形の種類

英語の短縮形とは、例えば**「I am」が「I'm」、「you are」が「you’re」となるように、元の表現を一語に短縮したもののこと**をいいます。会話や歌などで、口語的に用いられることが多いです。

一般的には主語＋be動詞をはじめ、以下のようなパターンがあります。

元の形	短縮形の例
主語＋be動詞	I’m, you’re, he’s, she’s, it’s など
主語＋助動詞	I’ll, I’d, they've, she'll など
主語＋have, has	I’ve, she’s など
疑問詞＋be動詞	who’s, what’s など
助動詞＋have	could’ve, might’ve, should’ve など

このうち、**主語＋be動詞「am」「are」「is」などが短縮形になると一語のように弱く短く発音**されます。

また主語＋助動詞の中でも、**「I’ll」は / l / が暗い響きで発音され、「アイゥ」のような音**になります。そして**「I would」の短縮形「I’d」は、/ d / が詰まって「アイッ」のように発音**されます。

助動詞＋haveは、英語の歌ではよく見られますが、**後ろに動詞の過去分詞が続いて、現在から過去を振り返るとき**に使われます。短縮形では「have」の発音が変化するため、のちほど詳しく練習していきましょう。

会話で大事なのは否定の短縮形

短縮形にはさまざまな種類がありますが、**一番重要なのは否定の短縮形**です。特に日本人は、できるかできないかを聞かれたときに、やんわりと断る言い回しや、雰囲気を察して「Yes」か「No」を表現してしまうことがあります。しかし、英語には日本語のような曖昧な回答はなく、**「Yes」か「No」をはっきり相手に伝える文化が、徹底されています。**

例えば海外旅行の入国審査で必ず聞かれる、「Do you have anything to declare?（＝申告するものはありますか）」という一文があります。

この問いに関して、申告するものがあれば「Yes I do.（＝あります）」、なければ「No I don't have.（＝いいえ、ありません）」と、**まず「Yes」か「No」かを明確に答える必要**があります。そして、英会話のルールとして、**主語となる人の意思やものの状態、動きが否定のときは、はっきりと否定して、相手に強く伝えるのが鉄則**です。

また、相手から「Can you do that?（＝それをできますか）」と聞かれたとしましょう。「No」であれば、以下のような返答の仕方になります。

No《ノー》, I《ア》 can't《キェン》 do《ドゥー》 that《ザッ》. | I《アイ》 can't《キェーン》.

否定の短縮形である「can't」が強調して発音されていることが分かりますね。この他に、「Will you go with me ?（＝私と一緒に行きませんか）」と聞かれたとき、行けない場合は、以下のように「いいえ、一緒に行きません」と答えます。

Sorry《ソーリ》, I《ア》 won't《ウォン》 go《ゴー》 with《ウィズ》 you《ユ》.

否定の助動詞の短縮形「won't」を強調して発音しています。このように会話や歌の中にある、生きた英語の短縮形を聞き取り、発音する練習をしましょう。

STEP 1

練習しよう

\CHECK!/

- ☑ 代名詞や疑問詞の主語とbe動詞、助動詞は、一語のように弱く発音する
- ☑「can't, won't, shouldn't」など助動詞の否定形は強く発音する
- ☑ 助動詞＋haveは、過去助動詞の短縮形として発音する

練習① 主語＋be動詞の短縮形

英語では普通、**主語とbe動詞「am, are, is」などが、一語のように弱く発音**されます。そのため「you are」も「your」と似た音で発音され、「you're」と表記されます。これは**日本語の「それは」が「そりゃ」、「僕は」が「ぼかー」に聞こえるのと似た現象**です。これまで学習してきた音声変化のおさらいと併せて、主語とbe動詞の短縮形をセンテンスで練習していきましょう。

私は英語を学ぼうとしています

アム トゥ**ラ**イン ナ **ラ**ー **ニ**ングリッシュ

I'm trying to learn English.

Ⓢ Ⓝナ ニ

あなたはとても美しいです

ヨ **ソ**ー **ビ**ューリフォ

You're so beautiful.

Ⓢ Ⓕリ

彼女はハワイに行く予定です

シズ **ゴ**イ ヌ ハ**ワ**イ

She's going to Hawaii.

Ⓢ Ⓝヌ

かわいいよね？

イッツ　プリリ　イズネッ

It's pretty, isn't it?

Ⓢ　Ⓕリ　Ⓝネ

そりゃ、いい考えだ

ザッツ　ア　グレイライディア

That's a great idea.

Ⓢ　Ⓕラ

話者や会話のスピードにより、**「I'm」は「アイム」「アム」など、「you're」は「ヨァ・ヨー・ユーァ」などで発音されること**があります。

このように短縮形の発音のバリエーションも豊富なので、たくさんの会話や洋楽を聞いて、ネイティブライクに伝わる発音を覚えましょう。

練習② 主語＋助動詞の短縮形

助動詞の「will」や「will」の過去形「would」も、主語と合わせて一語の短縮形として発音されます。語尾の / l / は「ダークL」のため、小さな「ゥ」や「ォ」といった暗い響きの音で、母音のように聞こえることが多く、**「I'll」なら「アゥ」「アォ」のような発音**になります。一方、「I would」の短縮形「I'd」は、**語尾の破裂音 / d / が破裂しないと、「アイッ」のように詰まった音**になります。

「I would」と「I had」の短縮形は、両方とも「I'd」です。音だけを聞いて、どちらか判別することは難しいですが、**会話や歌のセンテンスの中で、全体の意味を考えると区別できる**でしょう。

私はあなたの心を捕まえる

アゥ　ゲッチョ　マイン

I'll get your mind.

Ⓢ　Ⓨチョ　Ⓝ

りんごが食べたい

アッ　ライク　トゥ　イータナポ

I'd like to eat an apple.

Ⓢ　タ　ナ

彼は都会に住みたいと思っている

ヒッ　ラブ　トゥ　リビン　ナ　スィリ

He'd love to live in the city.

Ⓢ　ビ Ⓝナ　Ⓕリ

彼らはいつか私たちに折れてくれるだろう

ゼイゥ　ギビン　ヌ　アス　サム　ディ

They'll give in to us some day.

Ⓢ　ビ Ⓝヌ

練習③ 助動詞の否定形の短縮形

助動詞「can」と「will」の否定形「can't」と「won't」は、発音するときに特に注意が必要です。「can't」は、語尾の / t / が聞こえないと「can」との区別が難しくなります。また「won't」は、「want」の発音と似ていますが、**意味は「しない」と「したい」で真逆**です。「can」と「can't」、「won't」と「want」の発音の違いを意識しながら、以下のセンテンスを練習してみましょう。

アイ　キャン　ドゥー　イッ

I can do it

アイ　キェーン　ドゥー　イッ

I can't do it

アイ　ウォン　トゥ　ドゥー

I want to do

アイ　ウォン　ドゥー

I won't do

練習④ 助動詞＋haveの短縮形

「would, should, must, could, might」などの助動詞は、「have」をともなって過去助動詞の短縮形を作り、次に過去分詞が続きます。**「助動詞＋have＋過去分詞」は、現在から過去を振り返る働きがある**ので、過去の行動への気持ちを表すと考えればよいでしょう。

過去助動詞の短縮形は、**1つのまとまりとして発音して覚えましょう**。ここでは、過去助動詞の意味の違いが分かるように、同じ文脈で練習していきます。なお、**「would've ＝ ウルブ」「should've ＝ シュルブ」「could've ＝ クルブ」「might've ＝ マイラブ」と発音してもネイティブライク**になります。

あなたは、アメリカに行ったでしょう

ユ **ウ**ダブ　**ゴ**ー ヌ ア**メ**リカ

You would've gone to America.

Ⓢ　Ⓝヌ

あなたは、アメリカに行くべきだった

ユ **シ**ュダブ　**ゴ**ー ヌ ア**メ**リカ

You should've gone to America.

Ⓢ　Ⓝヌ

あなたは、アメリカに行ったに違いない

ユ **マ**スタブ　**ゴ**ー ヌ ア**メ**リカ

You must've gone to America.

Ⓢ　Ⓝヌ

あなたは、アメリカに行くことができた

ユ **ク**ダブ　**ゴ**ー ヌ ア**メ**リカ

You could've gone to America.

Ⓢ　Ⓝヌ

あなたは、アメリカに行ったかもしれません

ユ **マ**イタブ　**ゴ**ー ヌ ア**メ**リカ

You might've gone to America.

Ⓢ　Ⓝヌ

Nipponglishで歌おう

練習曲① A Whole New World ● Mena massoud & Naomi scott

このフレーズで学べること ●主語+be動詞・助動詞の短縮形

ウェ	ウェナイム	アイミナ	アイム
we're	when I'm	I'm in a	I'm
	ナ	ミ ナ	

アブ	アウ	ゼズ	ザッツ	ウィゥ
I've	I'll	There's	That's	we'll

POINT 長編アニメーション映画『Aladdin』の実写版の劇中で、アラジン役のMena massoud（メナ・マスード）と、ジャスミン役のNaomi scott（ナオミ・スコット）が歌っています。この曲には、主語+be動詞・助動詞の短縮形がたくさん出てきます。「I'll」や「we'll」の短縮形は、「アイウ」「ウィウ」のように、ダークLを軽く添えるイメージで一息で発音しましょう。

練習曲② Speechless ● Naomi Scott

このフレーズで学べること ●助動詞の否定形

ウォン	キャン	キャンナッ
won't	can't	cannot

POINT 同じく実写版の『Aladdin』から、Naomi Scottが歌っている曲です。ジャスミン王女が、王家の決まりにただ従いながら生きることに決別する心情が歌われています。できない、やりたくないなどの否定形は、相手に確実に「No」を伝えるために強く発音します。英語で話すときも、否定形を強く発音することを覚えておきましょう。この歌には特に「can」の否定形「can't」と「cannot」が出てきます。

練習曲③ Should’ve Said No ● Taylor Swift

このフレーズで学べること
●助動詞＋haveの過去助動詞の短縮形
●単語間でフラップする / t /

ティキロー バック
take it all back
キⒻロ

シュル
should've
Ⓕル

レリロー ゴー
let it all go
ⒻリⒻロ

シュドゥン
shouldn't

POINT 浮気した恋人が「もう一度チャンスが欲しい、絶対にできるよ」と懇願したのに、再び浮気したことに対し、「あなたは『ノー』というべきだった」と歌われています。「should’ve」は短縮形でも「have」の母音が発音されるため、/ d / が母音に挟まれます。それにより語尾の摩擦音 / v / を発音せず、/ d / をフラップさせて歌っています。「have」や「of」などの語尾の摩擦音 / v / は、発音されないこともよくあります。また、フラップしないで「シュダブ」と発音している箇所もあります。

練習曲④ No Excuses ● Meghan Trainor

このフレーズで学べること
●助動詞＋haveの過去助動詞の短縮形
●単語間や単語内でフラップする / t /

マスタブ
must've

メラ レイディ
met a lady
Ⓕラ

ベラ ザン ザッ
better than that
Ⓕラ

POINT バーで酔っ払って無作法に声をかけてくる男性たちに対して「あなたは、他の誰かと勘違いしてるに違いない、言い訳しないで（＝No Excuses）、あなたのママは、ちゃんとしつけたでしょう」と一喝する内容が歌われています。「must've」の短縮形は、「マスタブ」のように発音します。

総復習 今までの音声変化を復習しよう

練習曲① For The First Time In Forever ● Kristen Bell & Idina Menzel

このフレーズで学べること ●主語＋助動詞の短縮形・悪魔のT（フラップ）・nt同化など

opening up《オープニンガップ》
ガ

It'll《イロ》
Ⓕロ

There'll《ゼゥ》
Ⓢ

elated or《イレイレドア》
Ⓕレ ド

meet everyone《ミーレブリワン》
Ⓕレ

gown and all《ガウナンノー》
ナ Ⓝノ

beautiful《ビューリフォ》
Ⓕリ

POINT 世界中で大ヒットした映画『Frozen』の挿入歌です。エルサの戴冠式の準備をするアナが、初めて体験する出来事にワクワクしている様子と、城を開放することに不安を隠せないエルサの複雑な気持ちが歌われています。短縮形に加え、フラップする / t / のバリエーションを聞き取れるかチェックしましょう。映画のシーンを思い出しながら、会話に応用できるセリフを見つけるのもいいと思います。

練習曲② Thriller ● Michael Jackson

このフレーズで学べること ●融合同化・音の連結など

close your eyes《クロージョラーイズ》
Ⓨジョ ラ

just imagination《ジャステイマジネイション》
ティ

unless you《アンレシュー》
Ⓨシュ

make you《メイキュ》
キュ

thrill you《スリリュ》
リュ

POINT 1983年にミュージックビデオが公開されると、世界中で話題になり、ポップミュージックの歴史を変えました。「thriller」に母音の / u / を付けて「スリラー」としてしまうと、音がずれてしまうので注意しましょう。/ th / の発音はとても簡単で、/ s / を発音したまま顎を下げていって、急に息の通りがよくなった位置で止めてみましょう。最後の語りのパートでは、破裂する破裂音がたくさん聞けます。

練習曲③ Bohemian Rhapsody ● Queen

このフレーズで学べること ●悪魔のT(フラップ)・音の連結など

Caught in a《コーリンナ》
Ⓕリ ナ

Open your eyes《オープン ニョー ラーイズ》
ニョ ラ

gun against his《ガ ナゲンス ティズ》
ナ ティ

thrown it all away《スロー ニロー ラウェーイ》
ニⒻロ ラ

born at all《ボー ナロー》
ナⒻロ

gotta get out《ガラ ゲラーウ》
Ⓕラ Ⓕラ

POINT 『Bohemian Rhapsody』は、直訳すると「自由奔放な狂詩曲」です。ふらふらと適当に生きていた少年が人を殺してしまい「ママ！ 人を殺しちゃった、ごめん」というサビに始まり、「『Beelzebub（＝魔王）』が俺を始末するために悪魔を差し向けた。もう終わりだ」と差し迫るような感情が、効果的なメロディーに乗せて歌われています。単語内や単語間でフラップする / t / を中心に復習しましょう。

練習曲④ Piano Man ● Billy Joel

このフレーズで学べること ●悪魔のT(フラップ)・音の連結・nt同化など

got us《ガラス》
Ⓕラ

feeling alright《フィリノーライ》
ノ

And he's《アニズ》
Ⓝニ

light up《ライラップ》
Ⓕラ

get out of《ゲラウロ》
Ⓕラ Ⓕロ

drinking alone《ドゥリンキンナローン》
ナ

forget about《フォゲラバーウ》
Ⓕラ

POINT Billy Joel（ビリー・ジョエル）がピアノの弾き語りをしていた頃の実体験が歌われています。「いつも酒をおごってくれる友達のジョンは、映画スターになることを夢見ている」「政治を実践している（客ごとに駆け引きをする）ウエイトレス」など、歌詞の登場人物は実在した人だそうです。「get out of」のように単語間で連続して起こるフラップや、「And he's」のnt同化を発音できるか確認しましょう。

column 10

同じ単語でも国によって発音が違う

英語には、国や地域ごとに固有のバリエーションがあり、代表的なのが、「アメリカ英語」と「イギリス英語」です。英単語のつづり（「center」と「centre」など）や単語の使い方にも違いが見られますが、発音の違いを示す例としては、「can't」があります。

アメリカ英語

I can't《アイ **キ**ャン》

イギリス英語

I can't《アイ **カ**ーン》

その他、一般的にアメリカ英語は無声音を有声化し、イギリス英語は無声音を温存する傾向があります。特に / t / の発音が顕著です。

アメリカ英語

better《**ベ**ラ》

Ⓕラ

イギリス英語

better《**ベ**タ》

第8・9章で、フラップする/ t / は発音がラ行の音に変わり、アメリカ英語で起こりやすいと説明しました。一方イギリス英語では、上の「better」のように、/ t / はフラップせずにはっきりと発音されることが多いです。次の「water」も同様に、アメリカ英語では、フラップして「ワラ」、イギリス英語では「ウォータ」とフラップしないで発音されることが一般的です。

アメリカ英語

water《**ワ**ラ》

Ⓕラ

イギリス英語

water《**ウ**ォータ》

もちろん、イギリスでも「wanna ＝ ワナ」「gonna ＝ ガナ」「gotta ＝ ガラ」などアメリカ的な発音もよく聞きますし、イギリス人でもフラップさせて発音する人もいます。同じ単語が発音される幅を理解するためには、たくさんの生きた英語を聞くことが大切です。

巻末付録

難易度別 おすすめ洋楽リスト

NipponglishのYouTubeチャンネルでは、Nipponglishのカナ表記に対応した450本以上の洋楽や英会話、英語音声変化に関する動画を見ることができます。 本書で紹介している洋楽をマスターしたら、さらなるレベルアップを目指して難易度別の楽曲に挑戦してみましょう。音ずれせずに歌えるようになれば、ネイティブライクな発音にまた一歩近づきます。

動画はYouTubeチャンネルからチェック!

楽曲の難易度は、Nipponglishの監修と開発に携わる東洋大学の湯舟英一教授が監修し、6段階の★評価で分けています。

気になる曲やマスターしたい曲があれば、NipponglishのYouTubeチャンネルから検索して歌ってみましょう。検索方法は以下を参考にしてください。

【パソコンから検索する場合】 ※Nipponglishのウェブサイト「DAM搭載・洋楽難易度リスト」からも検索できます

❶YouTubeチャンネルのトップ画面右端の虫眼鏡マークをクリック

❷アーティスト名や楽曲名などで検索する

【スマートフォンなどから検索する場合】 ※ブラウザからのみ対応

❶YouTubeチャンネルのトップ画面右端の矢印マーク（v）をクリック

❷アーティスト名や楽曲名などで検索する

難易度 ★

英語初心者でも比較的簡単に歌える入門編

英語のリスニング、スピーキングに苦手意識のある人にまずおすすめしたい入門編。音の連結がほとんどなく、歌詞に出てくる単語も易しいため、歌いやすいです。ゆったりとした曲調が多く、60年代前後の有名曲が中心なので、本書に出てくる洋楽をマスターしていたら、簡単に歌うことができるでしょう。

楽曲名	アーティスト名
Edelweiss	The Captain and Liesl
Love Me Tender	Elvis Presley
You Are My Destiny	Paul Anka

難易度 ★★

バラード曲中心で簡単な連結も練習できる

スローテンポのバラード曲が中心となっています。Eric Clapton（エリック・クラプトン）やCarpenters（カーペンターズ）などの**親しみやすい楽曲が多く、簡単な音の連結も適度に含まれているので、初級者が練習しやすいレベル**です。高校や大学の英語の授業で聞いたことがある曲も多いのではないでしょうか。

楽曲名	アーティスト名
I Don't Want To Miss a Thing	Aerosmith
I Want It That Way	Backstreet Boys
This Masquerade	Carpenters
If We Hold On Together	Diana Ross
Endless Love	Diana Ross & Lionel Richie
Tears In Heaven	Eric Clapton
Diana	Paul Anka

難易度 ★★★

しっかりと音声変化を練習したい人向け

バラードから少しアップテンポな曲まで、バラエティ豊かなポップスの名曲がそろっています。曲調が比較的ゆっくりなため歌いやすく、**音の連結をはじめとした音声変化をしっかりと練習できる**のがポイント。ロックミュージックの定番としてCMなどでも耳にすることの多い、Queen（クイーン）やBon Jovi（ボン・ジョヴィ）の曲は、カラオケで歌えたらかっこいいですね。

楽曲名	アーティスト名
Firework	Katy Perry
Yesterday Once More	Carpenters
Thinking Out Loud	Ed Sheeran
I Was Born To Love You	Queen
It's My Life	Bon Jovi
Hero	Mariah Carey
A Thousand Miles	Vanessa Carlton

難易度 ★★★★

やや難易度アップ、音声変化への理解をより深められる

スタンダードなラインナップですが、リズミカルな部分が多く、一部メロディが速いところも含まれています。**歌手ならではの発音の癖や、アメリカ英語、イギリス英語の違いなども聞き取れる楽曲をセレクト**しているため、スピーキング、リスニングのバリエーションを広げたい人にもおすすめ。このレベルの楽曲を完璧に歌えたら、英語の発音にはかなり自信が付くはずです。

楽曲名	アーティスト名
Santa Tell Me	Ariana Grande
Livin' On A Prayer	Bon Jovi
Just The Way You Are	Bruno Mars
Let It Go	Idina Menzel
Marry You	Bruno Mars
English Man In New York	Sting
Butter	BTS

難易度 ★★★★★

近年の人気楽曲をかっこよく歌いたい人に

近年のポップチャートで耳にするAriana Grade（アリアナ・グランデ）やBruno Mars（ブルーノ・マーズ）、Taylor Swift（テイラー・スウィフト）などの楽曲の多くがこのレベルです。今っぽくかっこいい歌い方の箇所が多いため、同じリズムでまねをするには一苦労。さらに、ラップが挿入されているものもあるので、難易度は高めです。**このレベルの楽曲をマスターできれば、英語の発音はほぼネイティブレベル**といえるでしょう。

楽曲名	アーティスト名
One Last Time	Ariana Grande
10,000 Hours	Dan + Shay & Justin Bieber
Into the Unknown	Idina Menzel
Shape of You	Ed Sheeran
Closer feat. Halsey	The Chainsmokers
You Belong With Me	Taylor Swift

難易度 ★★★★★★

英語の発音をマスターした人はぜひチャレンジ

基本的にラップパートがメインで、ラップが速いかメロディが速いかの高難易度の楽曲です。音がずれることなく歌えるようになればかなりかっこいいため、★5までの楽曲をスムーズに歌えるようになったという人は、ぜひ挑戦してみてください。

楽曲名	アーティスト名
I'm The One ft. Justin Bieber, Quavo, Chance The Rapper, Lil Wayne	DJ Khaled
Baby feat. Ludacris	Justin Bieber
Girls Like You feat. Cardi B	Maroon 5
See You Again feat. Charlie Puth	Wiz Khalifa

行ってみよう

カラオケDAMでもNipponglishが歌える！

Nipponglishのカナ表記が記載された楽曲は、第一興商のカラオケDAMでも歌うことができます。人前でうまく発音できないと恥ずかしいという人も、Nipponglishのカナ表記があれば自信を持って歌えるはず。取り扱い楽曲数は1000曲を超え、今後もどんどん増えていく予定です。

Nipponglishの検索方法は以下の2つ。

①コンテンツ一覧→Nipponglishを選択
②キーワード検索→「NIPPONGLISH」と検索

どちらも楽曲の頭文字（日本語）の絞り込みにも対応。好きな曲を思い切り歌って、楽しくネイティブの発音を練習しましょう。

Nipponglish が歌えるカラオケ機種

◎ LIVE DAM Ai

業界初の音声認識機能を搭載し、AI 機能により精密採点がさらに進化しました。ライブの臨場感もよりリアルになった DAM 最新機種です。

◎ LIVE DAM STADIUM

ライブ会場にいるかのような立体音響で、さらに曲への没入感を高められるシリーズ。2 つの大型「デュアルモニター」を搭載し、迫力あるライブ映像が楽しめます。

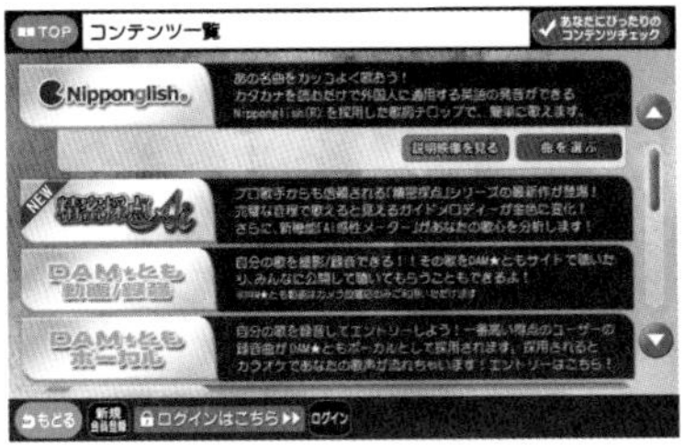

↑コンテンツ一覧から Nipponglish を選択すると、曲名の五十音順が表示される

※2022年12月現在

海外で使える便利フレーズ集

海外旅行で心配なのが、英語でしっかりコミュニケーションをとれるかということですよね。ここでは入国審査やショッピング、タクシーの乗車などのシーン別に、役立つフレーズを紹介していきます。会話の全編はNipponglishのYouTube動画にも掲載しているので、右下のQRコードから併せてチェックしてください。

入国審査のとき

海外旅行で、必ず通らなければいけないのが入国審査です。通常、夫婦や家族での渡航は、一緒に入国審査を受けます。**審査官が質問する内容は「渡航の目的・滞在日数・滞在する場所」など決まっている**ので、事前に例文を見たり、音声を聞いて準備をしておくといいでしょう。**審査官によっては、職業や申告する物の有無を尋ねられることもある**ため、併せて押さえておくと安心です。

What is the purpose of your visit? に答えよう
（訪問の目的は何ですか？）

パターン① On《オン》 vacation《ヴァケイション》.（休暇です）

パターン② I'm《アイム》 here《ヒア》 to《トゥ》 visit《ヴィズィッ》 friends《フレンズ》.（友人に会いに来ました）

パターン③ I'm《アイム》 here《ヒア》 for《フォー》 sightseeing《サイツスィーイン》.（観光が目的です）

これも知っておきたい

☐ **職業を聞かれたとき**

例 **I'm a businessperson.**（会社員です）

☐ **申告するものはあるか聞かれたとき**

例 **No, I don't have anything to declare.**
（いいえ、申告するものはありません）

詳しくはこちら

ショッピングをしているとき

「サイズが合わない服を買ってしまった」「欲しかったものが売り切れていた」なんてことにならないためにも、ショッピング中の会話をしっかりマスターしましょう。なお、もし**返品や交換をする場合は、購入時のクレジットカードとレシートを持っていき、店員にその旨を伝えてください。**日本は店によって対応が異なりますが、**北米や欧州などの先進国では、レシートに明記されている期限内なら、基本的にほとんど返品や交換ができます。**

Hi! How may I help you? に答えよう
（こんにちは！　何かお手伝いすることはありませんか？）

パターン①

I'm《アイム》 just《ジャス》 looking,《ルッキン》 thank y《キュ》ou.《サンキュー》

（ちょっと見ているだけなので、大丈夫です）

パターン②

I'm《アイム》 looking《ルッキン》 for《フォ》 a《ア》 silk《スィウク》 shirt.《シャーツ》

（シルクのシャツを探しています）

試着してもいいか 尋ねてみよう

Can《キャ》 I《ナ》《ナイ》 try《トゥライ》 this《ズィス》 on?《オン》　（これを試着できますか？）

これも知っておきたい

□ **試着した後に**

例 **Do you have this in a smaller size?**
（これの小さいサイズはありますか？）

□ **返品したいとき**

例 **Can I return this?**（これを返品できますか？）

詳しくはこちら

レストランを予約するとき

旅行先で絶対に行きたい店があるのなら、**現地に着いてすぐに電話で予約を入れることをおすすめ**します。レストランを予約するときには、希望する「日にち」または「曜日」、「時間」「人数」を明確に伝えてください。「Can I have a reservation ～」でも通じますが、**少し丁寧な言い方になる「I woud like to ～」を使って予約するといい**でしょう。また第1希望の日時がとれない場合があるので、第2希望も考えておきましょう。

How may I help you? **に答えよう**
（どのようなご用件ですか？）

Hi《ハイ》, I《アイ》 would《ウッ》 like《ライク》 to《トゥ》 make a《メイカ》 reservation《レザヴェイション》
for《フォ》 two《トゥー》 people《ピーポ》, tonight《トゥナイ》. （すみません、今晩2人で予約したいのですが）

OK, at what time? **に答えよう**
（分かりました。何時がいいですか）

How《ハウ》 about《アバウツ》 seven o'clock《セブ ノクロック》?（7時はどうですか？）

詳しくは
こちら

これも知っておきたい

□ **他の時間を提案されたとき**

例 **Eight thirty is good.**（8時半で結構です）

滞在先のホテルでトラブルにあったとき

advice

滞在先のホテルで「お湯が出ない」「エアコンが動かない」「電球が切れている」「隣の部屋がうるさい」などのトラブルが起こることがあります。そんなときは**ホテルのフロントに電話して、トラブルがあることを明確に伝える**ようにしましょう。**ものが壊れた、動かないなどは「〜 doesn't work」**で通じます。またカードキーを部屋に置いたまま出てしまったということもよくあるので、フレーズをチェックしておきましょう。

フロントに電話してトラブルがあること を伝えよう

I《アイ》 have《ハブ》 trouble《トゥラボー》 in《イン》 my《マイ》 room《ルーム》.

Could《クッ》 you《ヂュー》 help《ヘゥプ》 me《ミー》?

Ⓨヂュ

（私の部屋で問題があります。助けてもらえますか？）

トラブルの内容 を伝えよう

I《アイ》 left《レフト》 my《マイ》 key《キー》 in《イン》 my《マイ》 room《ルーム》.

May《メイ》 I《アイ》 have another《ハバナザ》 one《ワン》?

バ

（部屋の中に鍵を置いて、出てしまいました。別のものをもらえますか？）

これも知っておきたい

□ その他のトラブルを伝えるとき

例 **The TV doesn't work.**（テレビが壊れています）

例 **There is no hot water.**（お湯が出ません）

例 **The light has gone out.**（電球が切れています）

詳しくはこちら

タクシーに乗車するとき

英語に自信がないと、海外で不安に感じるのがタクシーではないでしょうか。**タクシーでの英会話のポイントは、なるべくシンプルに行き先を告げること。**運転手もシンプルに受け答えしてくれるので、今回紹介するフレーズをぜひ使ってみてください。

日本のタクシーでは、初乗り運賃と、距離や時間に応じた追加運賃を支払うのが一般的ですが、**北米やヨーロッパでは、メーター料金以外にチップ（10～15%）を払うのがマナー**です。

トランクに荷物を上げ下ろししてもらったときは、荷物1つにつき1ドルほどのチップを渡します。ハワイでは、サーフボードやゴルフバッグなど大きな荷物の場合は、運賃に5ドル加算されることもあります。**チップ支払い時には1ドル札が必要になるので、細かいお金を準備しておきましょう。**

クレジットカードが使えないタクシーも多く走っているため、現金の持ち合わせがないときは、**「Can I use a credit card?（＝クレジットカードは使えますか）」**と確認してから乗りましょう。

タクシー乗り場がどこにあるか 尋ねてみよう

Excuse《イクスキューズ》 me《ミー》. Where《ウェア》 is《リズ》《り》 the《ザ》 closest《クローセスッ》 Taxi《タクシー》 stations?《スティション》

（すみません。1番近いタクシー乗り場はどこですか？）

スーツケース をトランクに運んでもらおう

I《アィ》 have《バブ》 2《トゥー》 suitcases.《スーケイセズ》 Will《ウィ》 you《ユ》 put《プッ》 this《ズィス》 in《イン》 the《ザ》 trunk?《トゥランク》

（スーツケースが2つあります。これをトランクに入れてもらえますか？）

Hello, where would you like to go? に答えよう
（こんにちは、どこへ行きますか？）

パターン① To《トゥー》 the《ザ》 Ritz《リッツ》 Carlton《カーゥトゥン》 Hotel《ホテゥ》, please《プリーズ》.
（リッツ・カールトンホテルまでお願いします）

パターン② Will《ウィ》 you《ユ》 go《ゴー》 to《トゥ》 this《ズィス》 address《アドゥレス》?
（この住所まで行ってください）

目的地までの所要時間と料金 を尋ねてみよう

How《ハウ》 long《ローン》 will it《ウィリッ》 take《テイク》 to《トゥ》 get《ゲッ》 to《トゥ》 the《ザ》 hotel《ホテゥ》?
リ
（ホテルに着くまで、どのくらいかかりますか？）

How《ハウ》 much《マッチ》 will it《ウィリッ》 cost《コース》 to《トゥ》 get《ゲッ》 to《トゥ》 the《ザ》 hotel《ホテゥ》?
リ
（ホテルまでの料金は、どのくらいかかりますか？）

これも知っておきたい

詳しくはこちら

- □ 代金と一緒にチップを支払うとき

例 **Please give me $5 in change.**
（5ドルお釣りをください）

例 **Please keep the change. Thank you.**
（お釣りはいりません。ありがとう）

英語発音の用語集

単語	意味
IPA 発音記号	国際音声記号。発音記号の表し方の一つ
曖昧母音	弱音節に現れる、弱く、短く、曖昧な母音のこと
音節	発音記号上の母音を含むまとまりのこと。ただし、「little」「cotton」「rhythm」など、/ l /, / n /, / m / が 1つの音節をつくることもある 例 発音記号上に母音が2つ→2音節
音節文字	1文字で母音と子音のひとまとまりである音節を構成する文字 例 ひらがな
音素	その言語を使う母語話者が同じ音と認識する音の単位 例 英語はLとRの発音の違いがあるが、日本語はラ行のみ 例 母語話者は「top ＝ トップ」「better ＝ ベラ」「get ＝ ゲッ」「stupid ＝ ストゥーピッ」など、実際の発音は異なるが、すべて同じ音素 / t / とする
音素文字	1文字で1つの音を表す文字 例 アルファベットなど
機能語	冠詞・前置詞・接続詞・関係詞など、文の形を整えるための語を指し、文中で速く弱く発音される
サイレントe	単語の語尾に / e / が付いたとき、その / e / は発音せず、一つ前の音が発音されること
子音	唇や舌などの調音器官を使って発せられる音で、音節の中心にならない音。母音以外
子音結合	2つの子音が1つの子音として発音されること 例 「dreaming」「drive」「pretty」などの語頭の子音
弱音節	ストレス（強勢）を持たない音節のこと
弱形語	文中の中で速く弱く発音されたときの機能語のこと。代名詞、前置詞、冠詞などは強形と弱形がある
助動詞	主語と動詞の間に入り、動詞の意味を補足する単語のこと 例 「can」「will」「would」など
ストレス（強勢）	単語や文において強く発音される音節に置かれる
接続詞	「単語と単語」「句と句」「節と節」をつなぎ合わせる単語 例 「and, but, or」などの等位接続詞 例 「if, before, when」などの従属接続詞
前置詞	名詞の前に置かれ、続く名詞との関係性を示す単語 例 「on, in, at, of, for」など
ダークL	母音の「ウやオ」に近い暗い音で発音されるLのこと。語尾や子音の前に現れる。アメリカ英語では語頭でも使われる

単語	意味
代名詞	人やものなど名詞の代わりとなる単語 例「I, you, he, she, it, we, me, her, him, them」など
弾音化	「better ＝ ベラ」や「pudding ＝プリン」のように、母音に挟まれた / t / や / d / がフラップしてラ行音で発音されること
短縮形	主語と続くbe動詞や助動詞が1つになったもの 例「I'm, You're, We've」など 助動詞と「not」や「have」が1つになったもの 例「doesn't, should've」など
チャンク	意味や音の塊。通常数語からなり、音声だと平均2～3秒のものが多い
長母音	/ uː / や / iː / のように、長音を付けて長く発音する母音
同化	隣り合った音同士が、発音しやすいように変化する現象。「would you ＝ ウヂュ」「let you ＝ レッチュ」などの融合同化と、「twenty」などのnt同化が代表的
内容語	名詞・動詞・形容詞などを指し、文中で強く長く読まれる
二重母音	母音と母音または母音と子音の組み合わせで、1つの音として発音される母音。「strike」の「i」は「アイ」だが1音節。一方、日本語は「ストライク」のように5拍となる 例/ aɪ / / ɔɪ / / aʊ / / eɪ / / oʊ / など
拍	日本語のリズム上の最小単位のこと。それぞれの拍は同じ長さで発音される。日本語においては、基本的に1つの文字＝1拍とされる 例りんご（3拍）
半母音	母音に近い調音の仕方だが、単独で音節を形成しない音 例/ j / / w / / r /
破裂音	唇や歯、口蓋などを閉鎖して呼気を止めた後に、急に開放して発する音。無声音の / p /, / t /, / k / と有声音の / b /, / d /, / g / に分かれる。なお、「get」や「windmill」のように、語尾や子音の前では閉鎖だけ行われることが多い
表意文字	1つの文字で意味をなす文字 例漢字、象形文字など
フラップ	/ t /, / d / が単語中や単語間で母音に挟まれ、発音が「ラ行音」に変化すること。弾音化
母音	日本語でいう「ア・イ・ウ・エ・オ（＝a・i・u・e・o）」にあたり、発音の際に唇や舌などで遮られない音
モーラ	日本語のリズム上の単位のこと。拍ともいわれる
ライトL	明るくはっきり発音されるLのこと。語頭のLや、後にストレスがある母音が来るときのLに多い
連結	子音で終わる単語の次に、母音や / j / で始まる単語が来て、日本語の五十音のように「子音＋母音」の単位で聞こえたり発音すること 例「an apple ＝ アナポ」など

●著者

新出一一也（にいで・いいや）　（有）ビッグ・アップル・カンパニー 取締役

英語の音を日本語の音である「Nipponglish」で表記する、日本初の英語音訳家。
日本でスポーツ選手の感覚を数値で表すデータ解析のプロジェクトに携わり、その経験を活かして「英語の音をデータで表すことができないか」と考え、「Nipponglishメソッド」の開発に着手。東洋大学の湯舟英一氏と共同研究を開始し、5年の期間を経て完成させる。また、英語を楽しく身に付けるアプローチとして、洋楽に「Nipponglish」のカナ記号を付与した動画をYouTubeチャンネルで公開。洋楽がネイティブライクに歌えることから、2017年より（株）第一興商の上位機種 LIVE DAMの英語曲カラオケ1000曲以上にNipponglishバージョンのカナルビを提供している。

●監修者

湯舟英一（ゆぶね・えいいち）　東洋大学総合情報学部・同大学院教授、英国コベントリー大学客員研究員

「Nipponglish」の監修と開発に携わる。早稲田大学教育学部、同大学院、ケンブリッヂ大学大学院修了、M.Phil. 。外国語教育メディア学会副会長、理事、関東支部長などを歴任。専門は英語教育、英語音声学、言語認知心理学、応用言語学、e-learning教材開発。『TOEIC® 公式eラーニング基礎編 Listening & Reading』『公式TOEIC® Listening & Reading Part 7 速読演習』（ともに国際ビジネスコミュニケーション協会）製作協力。その他、大学生向け英語教科書や高等学校英語検定教科書など執筆多数。

●編集協力／氷見京子（アーク・コミュニケーションズ）
●本文デザイン／川尻裕美（エルグ）
●本文イラスト／桜井葉子、Shutterstock
●校正／円水社
●編集担当／柳沢裕子（ナツメ出版企画株式会社）

ナツメ社Webサイト
https://www.natsume.co.jp
書籍の最新情報（正誤情報を含む）はナツメ社Webサイトをご覧ください。

本書に関するお問い合わせは、書名・発行日・該当ページを明記の上、下記のいずれかの方法にてお送りください。電話でのお問い合わせはお受けしておりません。
・ナツメ社webサイトの問い合わせフォーム
　https://www.natsume.co.jp/contact
・FAX（03-3291-1305）
・郵送（下記、ナツメ出版企画株式会社宛て）
なお、回答までに日にちをいただく場合があります。正誤のお問い合わせ以外の書籍内容に関する解説・個別の相談は行っておりません。あらかじめご了承ください。

Nipponglishは有限会社ビッグ・アップル・カンパニーの登録商標です。
なお、本書では®マークを明記していません。

洋楽《ようがく》を歌《うた》うだけで英語《えいご》の発音《はつおん》が劇的《げきてき》によくなる
Nipponglish! ニッポングリッシュ

2023年4月4日　初版発行

著　者	新《にい》出《で》一《い》一《い》也《や》	©Niide Iiya,2023
監修者	湯《ゆ》舟《ぶね》英《えい》一《いち》	Yubune Eiichi,2023
発行者	田村正隆	

発行所　株式会社ナツメ社
東京都千代田区神田神保町1-52　ナツメ社ビル1F（〒101-0051）
電話　03-3291-1257（代表）　FAX　03-3291-5761
振替　00130-1-58661

制　作　ナツメ出版企画株式会社
東京都千代田区神田神保町1-52　ナツメ社ビル3F（〒101-0051）
電話　03-3295-3921（代表）

印刷所　広研印刷株式会社

ISBN978-4-8163-7344-2　Printed in Japan

〈定価はカバーに表示してあります〉〈乱丁・落丁本はお取り替えします〉

JASRAC 出 2300606-301